新 みんなが輝く体育 ２

小学校中学年
体育の授業

学校体育研究同志会 編

創文企画

はじめに

【教育の自立】

　この「みんなが輝く体育」シリーズは旧版が 2005 年から発刊され、全国の教師から「子どもたちがわかり・できるようになった」と好評をいただいた体育実践書です。今回、新しい体育実践研究を踏まえて新シリーズを刊行することとなりました。「みんなが輝く体育」というタイトルに示されるように、それぞれの地域や学校で、すべての子どもたちが輝く体育の実践が生み出されることを願って刊行するものです。

　さて、2020 年次期学習指導要領では、「主体的・対話的で深い学び」を目指すことと、育成するべき資質・能力として「①知識・技能、②思考力・判断力・表現力等、③学びに向かう力・人間性等」が示されました。

　一方、学校現場では各教科の 1 時間ごとの進め方や板書の仕方だけでなく、授業中の発言の手順や机上の学習用具の配置、さらには休み時間のすごし方まで事細かく決めていく「学校スタンダード」という主体的・対話的で深い学びとは相反する標準化規制が広がっています。

　また、教師の多忙化に代表される学校教育のブラック化という現実があります。教師の多忙化・過労死の問題が社会問題化する中で行われた 2006 年の「教員勤務実態調査」。その時にすでに「平均的な教員」は過労死ラインに突入していました。それが 2016 年の「実態調査」では、すべての職種で教職員の勤務時間はさらに増加していたのです。過労死ラインを超えたタダ残業が指摘される学校

教育のブラック化によって、教員採用試験の倍率は減少傾向が続いています。そうした中で、産休や病休の代替講師や時間講師が足りない学校が続出し、残った教師でわずかな「空き時間」を削ったり、複数クラスを掛け持ちで見たりするなど、さらなる悪循環が進行しているのです。

　本来ならば「主体的・対話的で深い学び」は、子どもの学びや育ちの要求・必要をもとに学校の主体性と協同性によって実現されるものです。しかし、今日の学校教育の現状は、ブラック化を放置したまま道徳の教科化や英語やプログラミング授業の実施などが押し寄せているため、一時間の授業準備にかける時間は減少し、授業の質の低下を招く「こなしの授業」が蔓延せざるを得ないところまで追い詰められています。

　このような問題を解決するためには、学級規模の引き下げや教員定数を引き上げるなどの教育条件の見直しと合わせて、学校・教師集団の協働の営みとしての年間指導計画や評価基準などを作成していく教育課程編成の自立性を生み出す他ありません。子どもたちが生き生きと輝き、個性を光らせる授業は、日々子どもたちに向き合っている教師たちが主体的に創り上げていく必要があるのです。

　本シリーズは、そのための「手がかり」となる単元・授業プランを、これまでの授業実践の蓄積をもとに提案しようとするものです。

【5 つの柱】

はじめに

　私たちは、本シリーズを刊行するに当たり、以下の5つの柱をたいせつにしました。

[運動文化の主人公]

　第一に、スポーツ、体操、舞踊や運動遊びなどを人間らしい生活と発達に欠かせない独自の運動文化ととらえる立場から、体育実践を構想しています。体育は運動文化を次の世代に引き継ぎ発展させる教育実践であり、子どもたちは「運動文化の主人公（リレーランナー）」であると私たちは考えています。

[子ども・青年の発達課題]

　第二に、子どもたちの発達を豊かに、そして現実に立脚して高めようとしました。今の子どもたちの発達をできるだけリアルにとらえ、現実と発達可能性とを橋渡しする発達課題を探り、発達保障に向かう教育の原則的な視点をたいせつにしました。

[学んでほしい内容の重点化]

　第三に、子どもたちの発達と学習課題にそくして、教科内容の重点化を図ろうと試みました。子どもたちの生活や発達の課題と運動文化の内容とが切り結ぶルートを探るなかで、重点となる学力や教科内容を絞り込んだのです。

[授業の事実を基に]

　第四に、これまでの学校体育研究同志会の実践研究60年の蓄積をもとに、授業プランという具体的な形で、そのエッセンスを実践的に提案しようとしています。

　そして同時に、重点化した教科内容にとってもっともふさわしいと考える教材の解釈・選択・構成には、地域・学校に固有の要件や担当者の研究・実践力量、指導経験などの主体性が関わります。プランは具体的な詳細部分になればなるほど、「例示」という性格が強くなることに留意していただきたいと思います。

[ともに学ぶ]

　第五に、異なる経験や能力や個性をもつ多様な子どもたちが協同して文化や科学の成果を分かち合うことによって、「みんなが輝く」学習が実現すると考えています。それを私たちは異質協同の「グループ学習」として実践的に追求してきました。

【教師のための教育課程】

　本書は、2002年と2004年に刊行された「私たちの教育課程試案（理論編、実践編）」に続く「授業プラン編」です。先の2冊の教育課程試案では、私たちが考える教育課程の理論と実践を具体化しました。そして、この教育課程試案に基づいて本書の「授業プラン」がつくられています。教育課程試案と本書の授業プランをつなぐ役割を果たしているのが第1章「小学校中学年体育の目標・内容」です。第2章以下の具体的な「授業プラン」と併せて読んで頂けると中学年体育における具体像がより明らかになると思います。

　さて、実際の授業をより豊かにしていくための「手がかり」となるように、本書はこれまでの実践研究による子どもたちの事実をもとに、何のために（目的、目標）、何を（内容）、どのように（方法）教えるべきかを明確にし、授業プラン化しました。これは、教師が自分で「体育の授業は何のために行うか」について考えるべきだと思うからです。目の前にいる子どもたちに対して、私たちは「何のために」「何を」教えるべきか、直接の責任を負っています。その責任をきちんと果たそうと思えば、「体育授業は何のために行うか」を、私たちは自分で考えるべきなのです。

　つまり、目の前の子どもたちのために体育

の授業や年間指導計画をつくりあげていく上で大切なことは、目的、目標—内容—方法を主体的に考え、相互に関連し合う実践の全体を省察しながら追求していくことなのです。この「こだわり（主体性）」を追求していくことはしんどいことかもしれません。しかし、この「こだわり」を放棄したとき、私たちは教師としての主体性、自立性を失うこととなるのです。

本来、授業やそれぞれの授業の全体像を示す教育課程とは各学校でつくられるべきもので、そのためにはいくつもの「教育課程試案」や「授業プラン」が必要です。そのいくつもの試案を参考にしながら、各学校が自分たちにあった教育課程を創りあげていくことによって「学校の自立」が実現し、「豊かな授業」が創られていくのです。

私たち学校体育研究同志会が「教育課程試案づくり」に取り組み、本シリーズを刊行しようとしたのは、各学校が主体的に教育課程を創るべきだと考えているからなのです。

さらに、旧シリーズは、幼年から中学校に至る発達段階・学校階梯と障害児体育の分野を含んで編纂されました。「みんな」には当然障害とともに歩む子どもたちも含まれているのです。

【中学年体育の課題】

中学年体育においては、中学年を「スポーツとの本格的な出会いの時期」と捉え、14本の授業プランが提示されています。その中で、何よりも子どもの「わかる」「できる」喜びに満ちた笑顔を大切にしたいと思っています。

昨今の子どもをめぐる「生きづらさ・育ちづらさ」は、それまで「ギャングエイジ」という概念で象徴的にいわれてきた少年期まっただ中の「中学年像」すら転換を迫ってきているようです。しかし私たちは、低学年で大切にしてきた「基礎的運動感覚」の上にこの時期特有のあふれ出すエネルギーを方向付ける「熱中体験」を組織することができれば、すべての子に「できる」を保障することができるのではないかと思っています。「できる」実感と感動は一人ひとりの中に「自己肯定感」を芽生えさせ、それが「熱中体験」と呼ぶにふさわしい集団の渦の中で実現できるなら、「生きづらさ・育ちづらさ」に流されるだけでない、子どもの逞しい「育ち」が期待できると信じています。

この本、そして「新みんなが輝く体育」シリーズの刊行が、教師・学校の主体性と自立の実現に役立ち、子どもたちの笑顔の輝きに寄与できることを願います。

2019年8月　森敏生　安武一雄

新みんなが輝く体育2
小学校中学年　体育の授業

目　次

はじめに……1

第1章　小学校中学年体育の目標・内容……7

Ⅰ. 中学年の子どもの生活・発達……8
Ⅱ. 中学年期の体育……11
Ⅲ. 内容の取り扱いと教材構成……19

第2章　小学校中学年体育の授業プラン……25

体つくり運動（からだを育てる昔あそび）……26

Ⅰ. 教材について……26
Ⅱ. ねらい……31
Ⅲ. 評価規準……31
Ⅳ. 学習の進め方……32
Ⅴ. 評価……33

マット運動（側転を含む連続技）……34

Ⅰ. 教材について……34
Ⅱ. 学習の流れ……35
マット運動（集団マット）……40
Ⅰ. 教材について……40
Ⅱ. 学習の流れ……41

跳び箱運動（台上前転からネックスプリング跳び）……46

Ⅰ. 教材について……46
Ⅱ. ねらいについて……46
Ⅲ. 学習計画について（3・4年）……47
Ⅳ. 授業プラン（台上前転からネックスプリング）……48
Ⅴ. おわりに（今後、高学年にむけた発展技）……51

鉄棒運動（連続技つくり）……52

Ⅰ．教材について……52
Ⅱ．ねらい……52
Ⅲ．学習の全体計画（4年生）……53
Ⅳ．指導上の留意点……54
Ⅴ．単技の指導ポイントと連続技の例……54
Ⅵ．授業プラン（4年生）……57

陸上運動（リレー）……60

Ⅰ．教材について……60
Ⅱ．ねらい……61
Ⅲ．レースのやり方……61
Ⅳ．学習全体計画……62
Ⅴ．授業の流れ……63
Ⅵ．評価……67

陸上運動（走運動から跳運動へ）……68

Ⅰ．教材について……68
Ⅱ．走り幅跳びのねらい……68
Ⅲ．学習の進め方……68
Ⅳ．学習の全体計画……69
Ⅴ．授業の流れ（4年生）……70

浮く・泳ぐ運動……74

Ⅰ．教材について……74
Ⅱ．学習の進め方……74
Ⅲ．中学年の水泳のねらい……75
Ⅳ．全体の流れ……76
Ⅴ．学習の全体計画……77
Ⅵ．授業の流れ（3年生）……79
Ⅶ．授業の流れ（4年生）……83

ボール運動（じゃまじゃまサッカー）……87

Ⅰ．子どもの発達課題に応じた学習……87
Ⅱ．楽しい体験を積み重ねる（3年生の学習）……88
Ⅲ．オリエンテーションで（確認すること）……9
Ⅳ．一次「ボール操作」……91
Ⅴ．「じゃまじゃまサッカーⅠ」（攻め全員ボール保持バージョン）……92
Ⅵ．「じゃまじゃまサッカーⅡ」（ボール2個バージョン）……93
Ⅶ．4年生の技術学習……94
Ⅷ．4年生第一次の教材……96
Ⅸ．「じゃまじゃまサッカーⅢ」（ボール1個）……96

Ⅹ．課題解決学習①（ボール操作と菱形練習）……96
ⅩⅠ．「２：１＋k」で問題解決学習……98
ⅩⅡ．まとめ……98

ボール運動（フラッグフットボール）……99
Ⅰ．フラッグフットボールは何を教える教材か……99
Ⅱ．フラッグフットボールについて……99
Ⅲ．ねらい……99
Ⅳ．学習の全体計画……100
Ⅴ．授業プラン……101
Ⅵ．評価……107

ボール運動（ラグハンドボール）……108
Ⅰ．教材について……108
Ⅱ．ねらい……108
Ⅲ．学習の全体計画（３年生）……109
Ⅳ．授業プラン……110
Ⅴ．コートの特性と学習内容……113
Ⅵ．ゲーム記録……115
Ⅶ．評価……115

表現運動（民舞教材：「今別」荒馬）……116
Ⅰ．教材について……116
Ⅱ．ねらい……117
Ⅲ．評価規準……117
Ⅳ．学習の進め方……117
Ⅴ．技術の発展過程……118
Ⅵ．各時間の内容……119

健康教育（３年生「睡眠の授業」）……128
Ⅰ．すいみんの授業……128
Ⅱ．全体計画例……128
Ⅲ．授業展開……128

健康教育（４年生「いのちとからだの学習―生命・成長を学ぶ」）……134
Ⅰ．生と性を見つめる……134
Ⅱ．実践のねらい……134
Ⅲ．学習計画……135
Ⅳ．授業づくり……135
Ⅴ．親とともに学ぶ性の授業へ……141

おわりに……143
執筆者プロフィール……145

第1章

小学校中学年体育の目標・内容

第1章　小学校中学年体育の目標・内容

Ⅰ．中学年の子どもの生活・発達

1．子どもたちの今

（1）子どもたちは変わったのか

　旧「輝くシリーズ」執筆から十数年たつ。この間、子どもたちは変わったのであろうか？

　旧「輝くシリーズ−中学年−」が発刊されたのが2006年で、その時すでに子どもをめぐる「生きづらさ・育ちづらさ」が言われ、中学年期の発達を語るときに必ず言われる「ギャングエイジ」すらも「危機」ではないかと述べた。

　その後、子どもをめぐる環境が好転していないことは、毎年のように発表される「子どもの貧困率」の高さを見るだけでも理解出来るだろう。さらに教育現場に視点を絞ってみても、2006年末に「改正」された教育基本法によって「教育の目標」は「伝統と文化の尊重」や「国や郷土を愛する態度」なども含む20もの「徳目」の「達成」が述べられた。これは、旧法の二条「教育の方針」に代えて設けられたものであり、「『義務教育』を『権利・義務』の教育から『強制・義務』の教育に変えた」（竹内常一『新・生活指導の理論』p.199）といわれる大きな転換である。

　それを受け、続く2008年の学習指導要領改訂では、「ゆとり路線」からの完全な方向転換による授業時数増加や「外国語活動」の創設等による選別化と、「道徳の時間」の重視等に象徴される「教育の国家統制」が一層進み、その傾向は今回（2017年告示）の学習指導要領で「外国語＝英語の教科化」「道徳の教科化」「プログラミング教育の必修化」などさらに加速される。

　こうした変化からいえることは、家庭・社会・学校どの面から見ても「豊かな発達」の土台がますます脆弱になってきており、それは当然「一番子どもらしい時期」とも言われる中学年期の子どもたちにも影響を及ぼしているということだろう。

（2）「困った子」は「困っている子」

　2007年に「特別支援教育」が位置づけられた前後あたりから、「支援を必要とする子」が明らかに増えてきたように思える。入学早々補助で入った女教師に「おばはん、うるさいんじゃ！」と悪態をつき暴れる子。自分の作った図工の作品が気に入らないと机を蹴り倒し周りの子の作品を手当たり次第に壊していく子。今までニコニコと話していたのに突然相手の子の髪を引っ張り倒してしまう子…。

　何が引き金となってそうした行動を起こしてしまうのか？　じっくり寄り添って共感しあうところから始めたいが、とりあえずは「周りの子」を守らなくてはいけない。「子ども同士の事だから」と「少し大目に見る」ことを許さなくなってきている保護者や管理された教員が増える中では、とても担任一人では対応できない状況となっている。

　実際、児童数の減少と反比例するかのように支援学校・支援学級在籍の子どもは増え続け、さらには、特別支援を必要としているのに様々な理由で十分対応し切れていない多くの子どもたちの存在もある。

　ここ十年余りはどの通常学級にも複数の「特別に支援を必要とする子」がいるようになり、専門的な力量が誰にでも求められるようになってきている。それに対応しきれないところでは、「問題行動」を繰り返す子に対

して「困った子」というレッテルを貼り、時にスタンダードをもとにした「毅然たる指導」で臨むという合意ができてしまって、ますます子どもを追いやってしまうこともある。

まずは、そうした子を「困った子」と見るのではなく、「困っている子」と見ることで「困っている」原因に目を向けていくことを第一に考えるという「子ども観の転換」が必要である。そうした合意を教職員の中につくり「子どもに寄り添った教育」を目指したい。

2．子どもたちの生活課題・発達課題

（1）中学年期の生活課題

本来中学年頃の子どもたちは、幼児性からも抜け出し、「何でも自分でできる・やってみたい」という有能感に満ちた時期である。もちろんまだまだ論理的な思考は不十分だし、社会的視野が狭い段階での「有能感」ではあるが、学校では低学年のころとは明らかにちがう自分たちの立場を理解し、学習においても「知的な喜び」を味わう機会も増えていく。家庭でも小さい弟や妹の世話を任されることもあるし、「お手伝い」という範囲ではあっても任された家事の一部は責任をもって果たすこともできてくる。

さらに何よりも、自分から選んだ友だちと親や周りの大人から独立した遊び・活動ができるようになってくる（ギャングエイジ）。そこでぶつかり合ったり協同しあったりする中で、集団の中でのルールや規範・関係性の取り方などを学びながら自尊感情を育てていくことになる。

中学年こそ、この「自尊感情」を大きく伸ばすことができる生活環境が用意され、自分で、さらには仲間と共に主体的に行動することで自信をつけることが大切になってくる。

ところが先に指摘したように「自尊感情」を育む環境や条件がとても脆弱になっている。この「自尊感情」が十分に育っていない中で自分の非を認めさせるような「毅然たる指導」を受けてしまうと、自分の非を受け入れられないばかりか「自己否定」が加速してしまい、暴力や奇声といった攻撃的な方法か、逆に逃避や緘黙・不登校といった回避的行動に追い込んでしまうことになりやすい。

こうした時でも周りの大人（保護者・教師）が子どもの変化を見逃さない十分な「応答能力」を持っていればよいのだが、新自由主義的競争原理の強まりと貧困問題の深刻化や格差化は多くの大人の生活を直撃し、自分を支えてくれる社会的つながりを奪われていく中で、子どもの心の動きや要求を受け止められなくなってきている。

子どもと大人のこうした深刻なずれが「生活課題」をこれまで以上に難しい課題にしている。したがって子どもの「生活課題」への理解は、そうした「ずれ」を自覚した大人が子どもの示す「問題行動」の背景に共感するところからスタートする必要があるだろう。

学校現場に目を移すと、前ぶれなく突然起こったように見える攻撃的な行動、それが暴力的なものであればついつい「毅然たる指導」を取ってしまいがちだし、それでその場を収めることが「指導力」だと思って（思わされて）しまう。また「周りに迷惑をかけない」指導をということで、個々の背景には目を向けない「スタンダード化」された対応か、「モグラたたき」的な個別対応でその場を乗り切ろうとする。

しかしそうした対応が、子どもの「生活課題」に本当の意味で応えるものでないことは明らかである。

第1章　小学校中学年体育の目標・内容

つまり、子ども自身の生活課題の深刻化と、本来それらを理解し共感的に一緒に立ち向かうべき周りの教師たち自身の「生きづらさ」が相俟って、「生活課題」への取り組みを複雑なものにしているのである。

こうした「負の連鎖」を断ち切るには、先にも示したように、子どもの示す「問題行動」の背景に共感することである。そしてそのためには、教師自身が「生きづらさ」の中で生きていることの自覚とその自らの「生きづらさ」と闘う姿勢があってこそ、子どもの「生きづらさ」に共感できるのではないだろうか。

これが「生活課題」を理解し、寄り添った取り組みをするための前提だと考える。

（2）中学年期の発達課題

この時期の子どもたちの本来的な「発達課題」は何だろうか？　年齢で言えば8～10歳で、9歳10歳の「壁」とか「発達の質的転換期」を含みこんだ時期で、いわばその「壁」や「発達の質的転換期」をどのように乗り越えていくかが一番の「発達課題」であろう。

身体的には、幼児体型から手脚も伸びて少年期の体型に変化していく時期で、個人差も大きいが「第二次性徴」による男女の違いもでてきて、そのことが情緒面でも影響を及ぼし始める。また運動面では、神経系の発達に先導されながら敏捷性や巧緻性も徐々に伸びていく時期ではあるが、その分個人差が大きくなり「うまい子・下手な子」の差も拡大していく。

学習面においても、それまでの直感的で具体的な思考による生活中心の学習から、論理的で抽象的な思考による本格的な教科学習に移行していく時期で、ここでも個人の資質だけでなくそれまでの体験や生活環境、さらに

はそこにどのような仲間関係や学習集団が用意されているかによっても、個人差が大きくなり始める。

こうした状況の中で、どの子にも中学年期の発達課題である「発達の質的転換期」を乗り越えさせていくために、私たちは「熱中体験」を重視している。

（3）なぜ「熱中体験」か

> **こうもりふりおりができた　3年　まお**
>
> 　きのうゆいちゃんとルネこうえんで、こうもりふりおりができたよ。
>
> 　こうもりふりおりは、前を見るとかんたんにできるんだよ。
>
> 　ゆいちゃんもこうもりふりおりができるようになったんだよ。ゆいちゃんは、すっごくうれしそうな顔をしてたよ。

これは、3年生で鉄棒学習が終わった2週間後に書かれた日記である。

このときの学年は1年生から問題も多く、学校でも有名な課題の多い学年であった。実際トラブルも多く、クラス遊びをしても、そのときは喜んでするのだが教師がいないとすぐにけんかが始まって手が付けられなくなってしまうという状態であった。楽しい遊びや取り組みをしてもその場だけで、それがブームになるということはなく、まだ3年生なのにどこか冷めた感じのする学年であった。

ところが2学期になって、運動会での「荒馬」踊り・音楽会での「和太鼓」とみんなと一緒にからだ全体で表現する活動に取り組む中で、少しずつ「仲間と夢中になる」という姿が見え始め、鉄棒学習ではまさにブームと呼べるほどの「熱中体験」をすることになっ

た。休み時間や放課後には毎日３年生が鉄棒を独占し、休みの日にはわざわざ学校に鉄棒をしに来たり近くの公園でやったり…。鉄棒発表会が近づくと、雨の日でも近くの公園で親に傘をさしてもらって練習するなど、まさに「熱中」という言葉がぴったりの様子で、それが鉄棒を握る手がかじかむ12月終わり頃まで続いたのである。

　何かに夢中になって友だちと一緒に取り組む「熱中体験」が、それまでのどこかよそよそしかったりとげとげしかったりした子ども同士の関係を打ち破り、仲間と共に伸びていく、中学年らしいエネルギッシュな姿を生み出したのである。

Ⅱ．中学年期の体育

1．中学年体育の「ねらい」

（1）ともにうまくなる

　体育の授業では身体によるパフォーマンス、つまり、どんな出来栄えかが衆目に晒されることになる。従って、体育の授業に限らないが、「うまくなる」ということは年齢に関係なく誰もが目標としやすい。ましてや、幼児性からも抜け出し自由に動く身体を手に入れ始めたこの中学年期においては、「うまくなる」ことは何よりもうれしいことである。しかし、様々な条件がそろってそれほど苦も無く「うまくなる」子はごく一部で（それすらもすぐに頭打ちになる）、そう簡単にはうまくなれないことが現実である。

　ではこの時期の子どもたちに「うまくなる」ことを保証するには何が必要であろうか。

> 今日、かた足かけ後てんのとき、ゆきがマットを上げてくれて「そのマットを

> けるようにしたらいいんじゃない？」って言ってくれました。「マットをけるように」だから、いきおいがついてよくふれました。うれしかったです。（まゆ）

　これは、３年生の一学期の鉄棒学習の中での記述だが、友達のアドバイスによって足かけ後転の振り出しの勢いのつけ方を知り、それで「うまくなる」を実現させている。実はその前に「まゆ」は、友達の技の観察から

> 今日、かた足かけ後てんで分かったことは、ほとんどの人が、いざうしろにまわるときの足のふりがちいさくなります。そうなってしまうのはどうしてかなあとおもいました。

ということを見つけている。その気づきがあったからこそ「ゆき」のアドバイスがスッと入っていったのではないだろうか。そしてもちろんアドバイスをした「ゆき」も「振り出し」の重要性に気付いていて、「まゆ」に何とかそれを伝えたくて「後ろのマットを持ち上げてその『マットをけるように』大きくふって！」というアドバイスをしているのである。

　このように「うまくなる」には、すでに「できる」ようになった子、「できかけ」の子、まだ「できない」子がいて、互いに「うまくなる」ための「運動の仕組み（技術）」を見つけ合い・伝え合うことが重要になってくる。中学年だと、まだまだ「運動の仕組み（技術）」への理解は感覚的で直感的なものかもしれないが、そこに共通の学ぶ課題があり、それを共に追及する仲間がいることがわかるようになる。その中で「うまくなる」を実現してい

第1章　小学校中学年体育の目標・内容

くことで、運動にはうまくなるための「仕組み（技術）」があり、それを見つけ合って学びあっていく中で「ともにうまくなる」ことに近づいていけるんだという体験をたくさんさせたいものである。

（2）ともに楽しみ競い合う

　体育が対象としている素材は、スポーツや体操・舞踊・武道、それに様々な運動遊びなども含めた「運動文化」と呼ばれるものである。それらには身体的パフォーマンスが伴い、「うまい・へた」「美しい・美しくない」「強い・弱い」「速い・遅い」等々といった比較が可能である。したがってそこには、何らかの「競い合い」や「競争・勝敗」が本質的に含みこまれることになる。この「競い合い」や「競争・勝敗」をどのように学んでいくかも、体育にとって重要な学ぶ中身（教科内容）となっていく。

　「スポーツとの出会い」の時期でもある中学年にとって、相手より「うまくなりたい」「強くなりたい」といった「競い合い」へのこだわりも強くなってくる。それだけにどんな「競争観」を育てていくかが大切な時期であるのに、近年ではメディアによる過剰な「スポーツ早期教育」報道や「優勝劣敗」「勝利至上主義」的な大人社会での考え方がそのまま影響を及ぼしていることも少なくない。そうした中で「あの子はうまい子、あの子は下手な子」と決めつけて見たり、最初から「競い合い」そのものから降りたり、逆にルール破りのように「競い合い」をつぶしてしまう子も出てきている。

　そうした子どもたちに、競い合いの条件や基準を話し合いの中で決めていくことや、互いが伸び合ってこそ競い合いがより楽しくな

るといった体験を通して、自分たちが求めていくべき「競い合い」方を考えさせたい。

> 　いままでは、一位がいいと思ってたけど、自分のペースでいいというのがよかったから少しすきになった。（めぐみ）

　上の記述は4年生で長距離走を「ペースランニング」という教材で学習した時のものである。長い距離で「ゴールタイム」だけを基準に速さを競わされるような学習では、一部の子以外は「走る前から結果は分かっているししんどいだけだから」と嫌う種目である。ところが、自分に合ったペースを見つけそのペースで走りきることを目標とする「ペースランニング」では、自分に合ったペースだからしんどくないのにけっこう速く走れ、それぞれの目標タイムとの誤差で競い合うため、誰もが平等に「競い合い」に参加できるのである。そうした中だからこそ、以下のような学び合う関係性も生まれてくる。

> 　わたしは、自分の中では同じペースで走ってるつもりだけど、はやくなっていることが今日の大つかさんからのアドバイスで分かりました。グループがあると、自分ではできているつもりでもできていないところをアドバイスしてくれて、できていないところが分かるようになるからいいと思います。（しおり）

（3）ともに意味を問い直す

　私たちは体育の目的を、「子どもたちを運動文化の主人公にする」ことと考えている。「運動文化の主人公」とは、自分たちで運動

12

文化を享受し楽しむだけではなく、より多くの人がどこでもいつでも楽しめるような条件を用意したり、運動文化そのものを発展的につくり変えていったりできる人のことであり、そのためには運動文化のしくみ（技術性・組織性・社会性）を学び取る必要があると考えている。

それを体育学習の場面に置き換えると、「ともにうまくなる」過程や「ともに楽しみ競い合う」ことを目指した学習の中でぶつかる具体的な問題や矛盾を子どもなりにどのように考えたり行動したりしていくのか、換言すれば子どもたちにどのような価値形成を目指すのかという課題である。そうした実践課題を「ともに意味を問い直す」と呼んでいる。

例えば先に例に出した「ペースランニング」の実践で考えてみよう。子どもたちはすでにそれまでの経験から「長距離走」は「しんどく苦しいだけ」とか「走る前から順位は決まっている」といった「長距離走観」（価値観）を持っていることが多い。そのため長距離走学習では、「がんばる」や「根性」しか思い浮かばない。そこでの「競い合い」は、得意な子には「活躍の場」、苦手な子にとっては「苦痛の場」でしかない。

それが、自分に合うペースを見つけそのペースで走り続ける技術を身につけることで、

今日800mを走ったら、前とくらべて全然しんどくなかった。しかもタイムはほぼ同じだった‼（ゆう）

前は、ハァハァいっていたけど、あんまりいわなくなりました。これからもどんどんうまい走り方をしたいです‼（あやか）

と、その長距離走に対する見方の変化に驚き、長距離走を「がんばる」対象から「うまくなる」対象に変化させている。さらに、「うまくなる」対象にしたことで身体的パフォーマンスを分析可能なものにし、そこからかかわり方についても「励まし」や「叱咤・激励」といった表面的な関係から「技術でつながり合う関係」に高めていっている。

○＋も－も誤差が3秒までаでした。0秒だったのは900mから1000mでした。いっきに落ちたりペースが上がったりしたから、次はほぼ同じにしたいです。（たくみ）
○みくに同じペースで走るには、「鼻歌を歌いながらして、その鼻歌のリズムで走ったらいいよ」と言われました。（まいか）

これは、子どもたちが「ペースランニング」という教材（文化）に出会い、仲間と学び合い・体験し合う中でこれまで自分たちの中にあった「長距離走観」の「意味を問い直す」ことになったのではないだろうか。

この実践はこの後、学校に隣接する公園も使ってのチームによる「ペースランニング駅伝大会」に発展しているのだが、そこでは「何を競い合うのか」という「意味の問い返し」も含みながら、チーム決め・コース決め・ルール決め・勝敗のつけ方等々が子どもたちによって検討されていくことになった。

2．中学年体育で育てたい力

（1）基礎的運動感覚の習得

神経系の発達はそのピークを7・8才頃に迎え、例えば走り方やボールなどの投げ方は

ほぼ大人に近い動きができるようになる。そういった力を背景に中学年では体育の学習としての「スポーツとの出会い」が待っている。

しかし、そのようなカリキュラムがそのまま通用したのはかなり前のことになってしまった。3年生で鉄棒をしようとしても、逆さになるのが怖くて前回りおりすらできない子がいたり、ボールを投げさせても同じ側の手足が同時に出て数メートルしか投げられない子がいたり、手足のバランスが悪くとても全力疾走とはいえない走りしかできない子がいたりするのが当たり前になっている。

運動遊びをする空間・時間・仲間を奪われてきた当然の帰結である。

であるならば、中学年といえどもそこからスタートするカリキュラムを考えねばならない。つまり、体系的な運動学習を行う上で重要となる基礎的な運動感覚を意図的・計画的に学ぶことである。

私たちはそうした基礎的運動感覚を大きく次の3つにまとめている。

①姿勢をコントロールするための運動感覚（主に、固定遊具・器械運動・水泳・舞踊などが効果的）

中身としては、支持や回転・逆さ・スウィング、それに空中や水中での姿勢をコントロールする感覚などをいう。

②物を操作したり、物や人の動きを予測・判断したりするための運動感覚（主に、ボール運動・鬼ごっこ・舞踊などが効果的）

中身としては、対人・対物との関わりの中で、投げる・受ける・転がす・回す・止める・蹴る・追う・逃げる・かわすなどの運動のための感覚をいう。

③スピードやリズムをコントロールするための運動感覚（主に、かけっこ・障害走・縄跳びなどが効果的）

中身としては、走る・くぐる・回る・跳ぶなどの運動のための感覚をいう。

これらの3つはそれぞれが独立しているのではなく、スポーツには複合的に含まれているものである。つまりどのスポーツをするにしても、これら3つの基礎的運動感覚は必要なのである。

しかし、そうした感覚の育ちが非常に未熟な子どもがいるのであれば、意図的・計画的に、しかもそれぞれの基礎的運動感覚に効果的な運動を集中的に学習することが必要である。

（2）運動技術の初歩的な認識と技能習熟

私たちは「運動技術」と「運動技能」を区別して使っている。「運動技術」とは、ある目標を持った運動をするための客観的な「運動の仕方や方法」であり、わかったり伝えたりすることが可能なものである。これに対して「運動技能」とは、その「運動の仕方や方法」を内面化し、その人自身の「個人的な能力」になったものである。平たく言えば、「技術＝わかる」「技能＝できる」とほぼとらえてよいものだと考えている。

さらに「初歩的な認識」とは、論理性や科学性に基づいた体系的なものではなく、子どもが「なぜか」はわからなくても体験的に「こうしたらいい」とわかって言語化できるものを指している。

そうした運動技術が次の①～④にあげるような条件によって違ってくることが分かり、それぞれに応じた技能を身につけていくことがここでいう「育てたい力」である。

①目ざす動きによる違い

②運動の場や特性による違い

③運動の手段（道具）による違い

④対人を含めた、運動の状況変化による
　　違い

少し分かりにくいので、具体例を挙げながら説明しよう。

①目ざす動きによる違い

例えば器械運動における「わざ」や舞踊における「ふり」をイメージしてもらえるといい。「わざ」や「ふり」が違えばそこで使う技術も当然違ってくるのである。それが「前転では首を曲げたけど側転では首を起こしたままでやった」という具合に運動の仕方の違いとしてわかればよいのである。

②運動の場や特性による違い

例えば同じ「走る」という運動でも、走路が直線か曲線かはたまた屈曲線かといった違いにより、「スピードの調節の仕方」「腕の振り方」「身体の傾け方」等々の違いが出てくることがわかればよいのである。

ただしこの場合、次の③でも言えることであるが、場や特性・手段の違いの側から無意識的に一定の運動が引き出されることもあるので、引き出したい運動によってどういった場や特性・手段の違いを用意するかも重要となる。

③運動の手段（道具）による違い

ボールやラケット・縄といった運動のための道具の操作技術（より有効な使い方）と考えてよい。

例えば「ボールを投げる」という運動を考えてみるといい。バスケットボールのように大きくてある程度の重さのあるものは、両手でプッシュするように投げるのが正確に素早く投げられる。しかし片手で握れるようなものであれば、肘を適度に曲げながら後方から腕を掻き込むように振って、最後は手首のスナップを利かせて投げるのがよいだろう。こうした道具の操作技術の違いが、体験的につかめるということである。

④対人を含めた運動の状況変化による違い

例えばボール運動などを思い浮かべてみると分かりやすい。ボールゲームでは、③で述べたボールの操作技術がいくらわかってできるようになってもそれだけではボールゲームがうまくなったとはいえない。攻撃ではどんなときにパスをしてどんなときにシュートするのか、ボールを持ってないときの攻撃の動きはどうか、防御ではどうか、等々その場の状況が刻々と変わっていくなかで使われる技術も違ってくるのである。ただし中学年であるので、思い切った状況把握の単純化（守りなのか攻撃なのか→パスなのかシュートなのか→目の前に相手がいるのかいないのか等）やそこで使う技術の対応関係を明確にしてあげることが重要である。

単に操作技術だけでなく、そうした状況変化による対人技術が、喜々とした子どもたちの陰で「お客さん」になってしまっている子にも「うまくなる楽しさ」を味わわせるためには必要である。

（3）運動パフォーマンス（できばえ）を分析する力

「できる・できない」と対立的に言われることが多いが、「できない」から「できる」までには無数の細かな「できる」が重なっていって目標とする「できる」に到達するのであるし、その目標とする「できる」にもいろい

ろな「でき具合」の質やレベルがある。その中のある「でき具合」が、どんな理由で達成できているのか・それを高めていくにはどのようなことが必要かを明らかにしていく力を指している。

「できる」と「わかる」が一体となっている低学年期では「からだでわかる」と表現されるように、できばえの分析も非常に感覚的なものである。入学初期では「できる―できない」「うまい―へた」といった二者択一的な分析からスタートし、観察視点を絞った分析へと展開させる。

中学年においては、「できるを通してわかる」段階にはいるので、「でき具合の違い」を分析の対象にすることができる。まだまだ「科学的」とは呼べないかもしれないが、「でき具合」が進むことによる感じ方の違いやイメージの違いを言語化させるのである。

例えば跳び箱で「首はね跳び」のコツを見つける時の授業では、次のような記述が見られた。
・手を曲げて思いっきり地面を押す感じで。
・うでをバネみたいにする。
・はねる時にてんじょうをける感じで。
・木のえだをおるように。
・むねを出す感じでこしをうかせてやる。
・はねるときにせなかがついてしまうから、せなかにスイカをはさむような感じでやる。

自分がやった時の感じや見ていてのイメージなどを、精一杯言葉で表そうとしている。まだまだ主観的であるためすべての子に共有できる「分析」にはなっていないが、内言を豊かに発達させながら書き言葉の世界をふくらませ、感覚的思考から徐々に論理的思考に移行していく中学年期らしい分析視点ではな

いだろうか。

（4）ルールづくりや発表会（大会）等を計画し運営する力

ある程度の見通しや計画性は、一定の約束事に基づいて勝利という目標に向かって全力を尽くすことが必要なスポーツにとって欠かせないことである。その意味からも論理的思考の入り口であると同時に見通しを持ったプランニング能力の芽生えの時期でもある中学年は、スポーツとの出会いの時期といえる。

運動技術や作戦・戦術に対する見通しや計画性はもちろんであるが、そのスポーツを成り立たせているルールやスポーツそのものが持つ競技性に対する理解も大切な学習課題となってくる。

○そのスポーツを成り立たせているのはどのようなルール（場や道具を含む）か
○みんなが楽しめるルールにはどのようなものが必要か
○発表会や大会にはどのような形式のものがあるのか
○発表会や大会を企画・運営していくにはどのようなことが必要か

以上のことはスポーツ文化を教材として体育学習を進めていく上で欠かせないことである。しかし、中学年期に最初から頭で考えさせるような授業は子どもの実態に合わない。授業場面で体験的に味わわせていくことがまず大切である。

例えば、「ボールを的に当てる」という簡単なゲームを体験させる中で、「的までをどれくらいの距離にするのか」「どんな的やボ

ールを使うのか」といった条件作りから、「チーム対チームでやりたいがどうやってゲームを始めるか？　終わりはどうする？　勝ち負けはどうやって決める？」といった形で「ボールゲームをつくる」という授業を組めば『スポーツを成り立たせているルール』の基礎について学べるであろう。

　また、障害走の学習の中で「ゴールタイムで競い合うのか・試走からの伸び率で競い合うのか・フラット走との差で競い合うのか」を、実際に自分たちの記録と比較させながら考えていったり、ボールゲームなどで「反則やその時の再開のし方」を考えたりしていくことは、『みんなが楽しめるルール』ということについて考える機会になるだろう。もちろんその時の考える基準は「うまい子もへたな子もみんなが楽しめる」ということである。

　トーナメント戦とリーグ戦の違いもこの時期に是非体験させておきたいことである。ただ対戦の仕方の違いとして理解させるのでなく、実際に両方をやってみてどんな特徴があるのか、メリット・デメリットを感覚的な「好き・嫌い」も含めて体験的に実感させておきたい。

　さらに、年にいくつかの教材では『発表会や競技会』という形で授業に位置づけて取り組んでみたい。発表会形式にするか競技会形式にするかは、教材・学年・クラスの実態等によって違ってくるが、いずれにしてもその単元・授業で何を教えてきたかということと関わって決めていくべきで、子ども自身が「○○を学んだから、それを発表会（競技会）で発表（競争）したい」と言えるものにしたい。中学年であるので企画・運営全体を委ねることは難しいが、学習内容と関わって子どもたちの側に「こうしたい！」というものがあっ

てはじめて、発表会（競技会）づくりに主体的に関わっていけるのである。

（5）仲間と共に学び合う力

　（1）～（3）で述べてきたことが主にスポーツのプレイ場面におけることであるのに対し、（4）はプレイ内容とは関わりつつもプレイの外側（プレイを成り立たせている条件や環境）に目を向けていこうとするものである。「スポーツとの出会い」の中学年期には、「プレイの外側」に視野を向けていく学習も必要になってくる。

　その意味からいえば（5）の「仲間と共に学び合う力」も、プレイ内の技術に関わることを中心としながらプレイの外側にも「共に目を向けていく」ことを内容に含めていかなければならない。

①グループづくり

　中学年では「なぜ異質協同のグループ学習なのか」を少しずつ自覚させたい。

　それには主に次の二つのアプローチが考えられる。一つは、実際に異質グループを組んで学習していく中でその有効性を確認し合う方法。もう一つは、一時的に能力別グループを体験させる中でその問題性を明らかにし、異質グループへと組み替えていく方法である。

　異質グループとは、同じグループの中に「うまい子・へたな子」「理解の進んでいる子・遅れ気味の子」「リーダーシップの強い子・弱い子」等の能力的に差がある子が一緒にいるという小集団である。その異質グループで共通の学習内容に向かうのである。

　例えば「水泳の授業」で「水泳の息つぎ」という学習課題に向かう場合を考えてみよ

17

第1章　小学校中学年体育の目標・内容

う。クラスの中には、当然スイミング等ですでに息つぎをしながらクロールや平泳ぎができる子もいれば、ようやく顔をつけて浮くことができるようになったというレベルの子もいる。能力別グループなら先の課題は主に下位グループの課題となり、上位グループは「すでにできているもの」ということで別課題が与えられ反復練習のみが課せられることになる。それが異質グループならば「共通の学習内容」になるのである。

つまり、一見下位グループの課題と思われた「息つぎ」のことでも異質グループで「教え合い」の内容になると、その方法やタイミングはもちろん「体が沈んでしまう子」「すぐに水を飲んでしまう子」などにどうしたらいいのか、「教えられないこと」が多いことに気がつく。できている子たちにとっても下位グループの「できない」多様な事実に対する解決方法は「わからない」のである。

そこで初めて多様な事実に対する試行錯誤が始まる。その中で「リラクゼーション」や「息を一気にまとめて吐くこと」「手足の協応動作とタイミング」「顔の上げ具合」等々を発見していく。そしてそのことは実は上位グループの息つぎの自覚にもつながり、技術の理解と習熟にもつながっていく。

こうした体験をつないでいく中で、どんな「グループづくり」が大切なのか学んでいき、少なくとも中学年の終わり頃には自分たちで「グループづくり」ができるようにしたい。

②グループにおける役割分担

異質グループで共通の学習内容に向かうとき、でき具合・わかり具合の傾斜が有効に働くようにグループ学習が組織されなければならない。そのための大きな内容が「役割分担」である。その「役割分担」には、リーダー・記録係・準備係等といったグループ学習そのものを成り立たせるためのものと、運動学習をする場合の「する人と見る人・記録する人」という学習活動中のものがある。

中学年においては「グループ学習を経験する」という段階から徐々に「自主的に機能させる」段階へと入っていく時期なので、子どもの実態をふまえた上で教材や時期を考えて段階的に子どもの手に係分担を体験させ、徐々にその範囲を広げていく指導が必要である。その過程で、「する人と見る人、記録する人」という学習活動での質も高めていけるようにする。

そして4年生終了時には、スポーツ集団の自治的運営能力（集団をまとめる力・コーチ的な力・施設用具などの条件を管理要求する力）のためのいろいろな役割を経験していることと、友だちやチームの運動を様々な角度から見ること（比較・視点の絞り込み・データや記録）の有効性を経験させておきたい。

またさらに、先に述べた発表会や競技会等をグループを基礎として取り組ませることで、全体集団の中でのグループの役割についても体験できる機会を持っておきたい。

（6）自分や友だちのからだを通して「健康」について考える力

幼児期の自己中心的なものの捉え方から脱し、少しずつ「自分」というものを対象化してとらえることができてくる中学年であるから、自分のからだや健康についても考えさせていきたい。

①体育・運動学習を通して

まだまだこの時期、運動の仕組み（技術）

とその運動を実現する「からだ」との区別や関連を認識することは難しい。しかし、そうであるからこそ「こんな動きをしたらこんな感じがした」「こんな感じでしたらこんな動きができた」「○○を見てやったらこんな動きになった」というように、運動の仕組みと「からだ」、さらにはその中に含まれる感覚や感情との関連を少しでも意識的に見つめさせていくことは体育学習の中で大切だと考える。

②保健・総合学習の中で

2008年の学習指導要領で3学年より保健領域が加わったことは、「からだ」を見つめ「健康」について考えるためには歓迎すべきことである。しかしその中身は、新しい2020年の学習指導要領でもほとんど同じで、主に3年生で「健康な生活」4年生で「体の発育・発達」を年間4時間ずつ（2年間で8時間）で扱うという貧弱なものである。しかもその内容の大半は「健康の自己責任論」とでもいえそうなものである。

「健康」を自己責任や心がけ主義的な問題として認識させるのでなく、自分と周り（社会）との関係性の中で考えていけるようにしたい。

第2章の実践プランでは「睡眠の授業」（3年）と「人の成長」（4年)を取り上げているが、2つに共通することは健康問題を個人的な心がけや行動にとじ込めてしまうのでなく、子どもの興味に沿いながらも科学的な認識と結びつけようとしていることである。学んだことを友だちや家族、さらには社会へと発展させていく視点があることである。

知識を押しつけたり、「こうあるべきだ」といった一定の倫理観に導いたりということ

はせず、「子どもの知りたい」を大切にしたていねいな取り扱いをしたい。そのためには、単に数時間の保健授業の扱いではなく「保健・総合」として十分な時間を確保し、実践プランにもあるように保護者や他の教員・職種の人等を巻き込んだ取り組みとしたい。

Ⅲ．内容の取り扱いと教材構成

1．中学年の子どもを取り巻く体育の現状

1998年（平成10年）の学習指導要領は、従来の「たのしい体育」からの路線変更とも言うべき内容になっている。子どもの情意や興味・関心から課題設定を行い、「運動の楽しさ」に触れ、欲求の充足を目的とする体育から、運動技術を教え、技能を身につけさせることを重視した体育へと変化が見られる。これは「楽しい体育」が教師の指導性を後退させ、子どもに必要とされる技能を身につけさせていないという批判を受けてのものであり、その反省から、「楽しさ」から「運動技能の習得」へと大きく舵を切ったのである。体育科教育の大きな転換点と言って良いだろう。

しかし、文科省が2008年から、小5、中2における「体力テスト悉皆調査（「全国体力・運動能力、運動習慣等調査」）を実施し、各新聞社が都道府県別ランキングに示すなどしたために、その結果から体力向上を目指す体育も見られるようになってきた。小5だけではなく、全学年でスポーツテストを実施し、各項目の改善を試みようとする学校も現れているのである。

従来であれば多くの学校では、4月当初は器械運動が行われていたが、体力テストに向けての時間設定を行う学校も見られ、器械運

第1章　小学校中学年体育の目標・内容

動が十分教えられていない状況が生じている。そのため、マットや跳び箱、鉄棒などの習熟の度合いが極めて低く、習熟が不十分のまま次の学年に送られてしまうという事態も起きている。

2．中学年体育の力点

　このような状況を受け、できることが増えていく中学年期においては最低限必要とされる運動技能を身につけさせることを保障しなければならない。それは、「楽しさ」を目的とするのでもなく、また、体力向上を目指すのでもない。

　中学年は、低学年から続く「みんなで楽しみながらうまくなることを実感する時期」であり、低学年の「夢中になって取り組むおもしろさ」から「質の高いおもしろさ」を求める時期である。中学年では、「楽しみながら」から徐々に「うまくなる」へ比重を移し、さらにそれを「みんなで実感する」ことが重要であると考える。系統的な指導で成功体験を重ね、教材の楽しさに触れたり、その結果として体力の向上につながったりするという捉え方が必要である。

　また、この時期は、「わかる」ことと「できる」ことが子どもの頭の中に結びつけられる時期でもある。低学年からの「いっしょに楽しく運動する」という段階を基本としつつも、「技術を媒介として、うまくなることを通してつながり合う学習集団」へと発展させることも重要である。

　以上の点から、重点教材を選び出す視点として次の3つのことを大切にしたい。

> ①「技術指導の系統性」や「技術のポイント」が分かりやすく、「うまくなる」

> が実現しやすい教材を選ぶこと。
> ②子どもたちの人間関係能力に切り込み、育てるという学習集団づくりの視点をもつこと。
> ③教材間の関連を視野に入れた年間計画の作成をすること。

3．重点教材の取り扱いと年間計画

　中学年は低学年よりも取り扱う教材の幅は広がっていくが、低学年でどのような体育を行っているかによっても、それぞれの教材の扱いは変わってくる。「できる」（技能習熟）の積み上げや「わかる」（技術認識）の深化という視点から、毎年同じ教材を短い時間で細切れにしてこなすよりも、一単元の時間数を基本的には10時間～15時間程度かけて行いたい（カリキュラムの関係で教材数を削れない場合でも、教材に軽重をつけ、重点的に行う教材をつくりたい）ものである。

①について

　このような考え方に基づいて、中学年では次表のような教材を指導することが望ましいと考える。ここでは主に重点教材を挙げ、それぞれの内容について解説する。

　中学年期にふさわしい重点教材としては、技術指導の系統性が明確である器械運動や水泳運動などが挙げられる。これらの教材では、子ども同士の観察や実験という技術学習を通し、「わかって」「できる」成功体験を重ねていくことができる。

　具体的な教材を挙げると、神経系の発達が著しい中学年には器械運動の経験は欠かせない。特に、マット運動では、運動の観察や技術の教え合いによって、側転がみんなででき

単元ごとのねらい

領域	単元名	単元のめあて	わかる力・できる力	伝える力	核になる動きや技
体つくり運動	体気づき	体の仕組みに気づき自由に体を動かそう。	・体の部位を五感を使って観察することから、体の仕組みについて理解し、体の持つ不思議な力に気づくことができる。	グループの友達の体の動く様子を伝えられる。	体気づきのワークショップ、引っ張り合ったり、支え合ったりするペア・エクササイズなど
器械運動	マット運動	側転を含んだ連続技を作り、美しく表現しよう。	・側転ができるための道筋がわかる。 ・側転を含んだ連続技の演技ができる。	グループの友達のできる（できない）原因がわかり言葉で伝えられる。	側転・前転・後転 ジャンプ バランス技など
器械運動	跳び箱運動	美しい横跳びこしや開脚跳びで跳ぼう。	・跳び箱に必要な踏み切り、突き放し、重心移動の仕方、着地などについて理解する。 ・美しく跳び箱を跳びこすことができる。		横跳び越し ひねり横跳び越し 開脚跳び 閉脚跳びなど
器械運動	鉄棒運動	技と技をつないで連続技を完成させよう。	・コウモリ振り下りができるための道筋がわかる。 ・上がり技・振り技・回転技・下り技を組み合わせた連続技の演技ができる。		コウモリ振り下り 足かけ上がり 足かけ前転 足かけ後転など
水泳運動	ドル平～多様なドル平へ	ドル平で25mを泳ごう。（3年）いろんな形のドル平で泳ごう。（4年）	・泳ぐために必要な息つぎ、浮くための姿勢制御がわかる。 ・ドル平やいろんな形のドル平で25mを泳ぐことができる。	グループの友達の泳ぎを観察して、脱力やリズム、呼吸のタイミングなどのアドバイスができる。	ふしうき呼吸、ドル平（3年）ワンキックドル平、リズムを変えたドル平、うねりのあるドル平（4年）
表現運動	ダンス（民舞）	何を表しているのか意識して踊ろう。	一つ一つの技や動きが表しているものを意識して表現できる。	グループの友達の踊りや技を観察し、つまずきを伝えることができる。	
走・跳の運動	リレー	スピードを落とさずにバトンパスをして、ベストのタイムを出そう。	スタートのタイミングがわかり、トップスピードでのバトンパスができる。	グループの友達と自分の動きの共通点や相違点がわかり、言葉で伝えることができる。	40m走 GOマーク走
走・跳の運動	箱跳び走～ハードル	4歩のリズムでハードルを跳びこし、ベストのタイムを出そう。	4歩のリズムでリズミカルにハードルを越して走ることができる。		40mに4個ぐらいの障害（段ボール・ハードル）を置いた障害走での4歩のリズム
走・跳の運動	川跳び～走り幅跳び	遠くへ跳ぶための跳び方や走り方を工夫しよう。	距離を伸ばすために助走や踏み切りの仕方を工夫できる。		川跳び 立ち幅跳び 走り幅跳び

第1章　小学校中学年体育の目標・内容

領域	単元名	単元のめあて	わかる力・できる力	伝える力	核になる動きや技
ゲーム	ラグハンドボール	パスをつないでシュートを決めよう。	ワンマンプレーやだんごゲームを経験しながら、パスからのシュートができる。	作戦やルールを確かめてプレイできる。友達の動きを見て記録し適切なアドバイスができる	フェイントや計画的なパス空いている空間を作り出してのシュート
	フラッグフットボール	相手のいない所を通りぬけてタッチダウンしよう。	・タッチダウンするために通り道を決め、そこを通るために敵をガードする必要があることがわかる。・敵の守りからクォーターバックをガードする攻めが分かり組織的にプレイできる。	作戦と実際の動きを比較して課題が見つけられる。	・タッチダウンするための作戦、組織的な個々の動き
	サッカー	空いている場所を見つけ走り込んだり、ボールをもらったりしてシュートにつなげよう。	・ボールとゴールの位置関係や、パスをしたり、受け取ったりするタイミングがわかる。・状況に応じてシュートができる。・計画的な作戦を立てることができる。		計画的なパス、シュート状況に応じたパス、シュート
保健	健康な生活（3年）	健康な生活を送るために必要なことを理解しよう。	食事・運動・休養・睡眠や清潔・明るさ・換気などと健康な生活との関連がわかる。	生活習慣の記録を整理し、調べたことを発表できる	
	体の発育・発達（4年）	体に起こる変化について理解しよう。	誕生に関する家族への聞き取りや、成長の記録から、自分や友達の成長の過程を確かめることができる。	誕生や成長の様子を周囲から聞き取り、自分で調べたり発表したりできる。	

※保健4年「体の発育・発達」（性教育）については、総合的な学習の時間も活用します。

るようになることを目指す。側転を習得していく過程で、腰を高く上げるための技術ポイントや側転を完成させていくための筋道などを友達と共に学んでいく。このようなグループ学習の経験が、続く水泳の授業でも生かされる。

　水泳運動では、ドル平で25mを泳ぐことを目指す。呼吸と浮きの学習では、呼吸を止めたら体が浮かんで来ることや、アゴの上下動で体が浮き沈みすることを友達の体を介して理解して行く。ドル平では、ゆっくりとしたリズムの声かけを行い、長く楽に泳ぐことを目指す。泳げない原因はどこにあるのかを、客観的に観察することから、技術認識を深めていくことができるのである。

　走・跳の運動では、リレーを重点的に行う。リレーでは、バトンを「渡す―もらう」という2人の関係を中心に学習する。バトンパスの技術の向上がタイム短縮につながるということは、子どもにとって分かりやす

く、受け手の走り出すタイミングや渡し手の
バトンを渡すタイミングを2人で追求して行
くことができる。また、グループでリレーを
行い、競争する楽しさにも触れさせたいもの
である。

集団で勝敗を伴う教材として、ラグハンド、
フラッグフットボール、サッカーなどが挙げ
られる。集団で競い合う体験も積極的にさせ
たいものである。その場に応じた動きでなく、
意図的、計画的に作戦を立てプレイさせたい
ものである。作戦通りにプレイできたのか、
うまく行かなかった原因は何なのかを考えさ
せ、次のゲームに生かせるようにする。また、
ルールづくりに取り組ませ、「みんなが楽し
めるためには、自分たちに合わせてルールを
作り変えていくことができるのだ」というこ
とを学ばせたいものである。

②について

授業は、教材によっては2人組、3人組（ペ
ア学習やトリオ学習）の時もあるが、多くは
4人～6人を1グループとしたグループ単位
で授業が進められる。技能の違う小集団のグ
ループを組織し、「技術認識（わかる）」を手
がかりにして学習を進めて行く。技術ポイン
トの観察を通して、動きを比較したり、教師
から投げかけられた課題について実験したり
するなど、その方法は様々である。「上手－
下手」という現段階での子どもの技能差を利
用して、技術の教え合いを組織し、学習集団
の質的発展をねらうものである。

③について

グループ学習のことを考えると、1学期で
は、器械運動や水泳運動など、まず自分ので
き具合がわかりやすい教材から選び「みんな

でできるようになる」ことを目指す。

教え合うという学習のスタイルが定着した
ところで、2学期は、勝敗をめぐる人間関係
のぶつかり合いが存在するボール運動に取り
組み、よりグループ内でのコミュニケーショ
ンの深化を図れるようにする（教師の教材に
対する得手、不得手や理解の深さ、カリキュ
ラムの問題なども考慮して教材選びをする必
要があることは言うまでもない）。

個人の技能・技術を高める→2人での技能・
技術を高める→集団での個人の技能・技術を
高める、という大きな流れを、年間計画を立
てる際に作っておくことが大切である。

また、保健の領域、4年「体の発育・発達」
については、体育の時間数では足りないので、
総合的な学習の時間を始めとする他教科の時
間を活用した大単元の学習として編成するこ
とが望ましいと考える。

4．中学年のグループ学習

中学年の体育では、ただ「できる」のでは
なく、より集団を意識した「ともにうまくな
る」ことが大切である。そこでまず、「とも
にうまくなる」ことの喜びや感動を味わわせ
たいものである。そして、うまくなっていく
過程にある「技術」に目を向けさせ、「誰も
がうまくなる道筋がある」ことを実感させる
ような取り組みを行っていきたい。さらに、
グループ内での言語活動を取り入れながら学
習を進めることも重要である。従って、記録
表や分析表、グループノートなどを有効に使
って指導することが必要である。

グループ学習では、1つの単元に10時間
以上かける大単元での実践を進めるが、短時
間だからグループ学習が進められないという
ものでもない。一般的には次のような流れで

第1章　小学校中学年体育の目標・内容

展開される。

（1）オリエンテーション

オリエンテーションでは、子ども達に学習の到達点を知らせたり、授業の見通しを持たせたりする重要な時間である。なぜその教材をするのか、教材の歴史についても触れる。グループ内での役割を決め、毎時間の学習は、グループノートを元に進められる。

（2）技術学習

各時間の共通課題を教師が投げかけ、グループごとにその課題解決を図る。
◎実験を通して確かめる
（予想→実験→総括）各時間の流れをつくることが大切。
①答えを予想し、その答えを確かめる方法を考える（教師が予め選択肢を設ける場合もある）。
②自分たちで考えた方法で実験する。
③実験からわかったことをまとめる。
（他のグループの結果とも照らし合わせる）実験を通してわかったことが、その運動に対する認識を深めていく。
（予想→実験→総括）という流れを単元を通し設定する場合もある。（4年）

（3）うまくなった事実を確かめ合う

記録会や発表会を開いて、学習した成果を発表する。また、学習前に取った映像と学習後の映像を比べても良いだろう。

５．評価

2020年から始まる学習指導要領の改訂では、これまで「関心・意欲・態度」「思考・判断・表現」「技能」「知識・理解」の四つの観点に基づき評価していたものが、「知識及び技能」「思考力・判断力・表現力等」「学びに向かう力・人間性等」の三つの柱に整理された。
「関心・意欲・態度」については、これは授業者がどれだけ子どもたちの興味・関心を引き出せているかという教師側の問題と考えているために、個々の子どもの評価というよりは、むしろ授業者の評価であるべきだと考えている。今回の改訂の「学びに向かう力・人間性」に相当する観点であると考えられるが、ここでも、学びに向かわせるのは教師の力量の問題として捉えるべきであり、態度を評価・評定すべきではないと考える。

また、評価する対象は、あくまでも学習して子どもの中で獲得されたものについて評価すべきであり、例えば、スポーツテストの結果や50m走の記録をそのまま体育の評価の対象としてはならないということである。ある学習をして、どれだけ技術や技能が身についたのかという視点に立って子どもを評価すべきであり、その子の生まれながらの能力や現下の体力を評価してはいけないことは明らかである。

そのためには、それぞれの教材で身につけさせるべき技能、技術の到達点を明らかにすることが重要である。その教材や学習のねらいを明確にすることにより、達成されたのかどうかが評価できるからである。授業を行うために立てたねらいに即して個々の児童への評価を行い、その一方で、そのねらいの妥当性を授業者自身が評価しなければならない。授業を行うために立てたねらいこそが評価の対象になると考えるのである。

第2章

小学校中学年体育の授業プラン

第2章　小学校中学年体育の授業プラン

体つくり運動
（からだを育てる昔あそび）

Ⅰ．教材について

1．小学校での体つくり運動の取り扱い

　日本学術会議は 2017 年に、「子どもの動きの健全な育成を目指して—基本的動作が危ない—」という提言を出した。そこでは、①子どもの動きの発達（形成）に遅れが見られること、②子どもにスポーツが広まっている反面、生活の中の動きが未形成なこと、③子どもの動きの形成は、もはや子どもの自然的発育・発達や自主的な活動に委ねられる域を出ており、社会環境の再整備や学校等における教育の改善を通して、保証されるべき危機的な状況に至っていると指摘されている。そのことは、子どもの「からだと動きの育ちそびれ」が生じていることを問題にしている。

2．中学年の子どもと体つくり

　2017 年改訂の学習指導要領では、小学校体育科の内容の構成については、基本的な枠組みは前要領がほとんど引き継がれましたが、内容（領域）の名称に関わる表現が細かく手直しされた。小学校低学年の「体つくり運動」が「体つくりの運動遊び」に変わり、中学年の「体ほぐしの運動」では、小中ともに「体の調子を整える」が削除された。この導入時の説明で「気づき、調整、交流」（awareness、coordination、communication）の 3 つのねらいが用いられてきたが、「調整」がなくなった。また、低・

中学年の「多様な動きをつくる運動遊び」では、「力試しの動き」が加えられた。高学年の「体の動きを高める運動」における「体の柔らかさ、巧みな動き、力強い動き、動きを持続する能力を高めるための運動をする」という記述からもわかるように、1977 要領で「体力要素」が「動き」に置き換えられて以降の、体力・動き・運動の概念の混乱が続いている。

3．同志会の体つくり運動実践

　同志会は、運動文化を大切にして、体を科学的に認識し、体力つくりではなく教材の適切な配列と系統的学習による技能の習得をめざしてきた。例えば、和歌山の宮崎庄三氏は、各教材についての「できる・わかる」をめざす学習によって技能が習得されれば、体力も向上するのではないかという仮説に基づき半年間実践に取り組んでいる。その結果、①運動技能が向上した、②体力テストの合計点で低位群が減って高位群が増えた、③実践に取り組んだ半年間の体力テストの合計点の伸びがその前の 1 年間の伸びを上回った。しかし最近、「からだと動き」の育ちそびれやさまざまな発達不全を抱えた子どもが増加し、科学的、系統的な技術指導をしようとしても「落ちこぼれてしまう」子どもが出てきた。体育授業で文化の学習に入る前に遊んだり、用具に慣れたり、感覚づくりをしたりする段階を丁寧にやる必要が生じている。

　「体つくり運動」について、その教育的意義・

可能性・問題点を問い直す必要がある。そうした取り組みとして、山内基広が考案した器械運動の「ねこちゃん体操」がある。「ねこちゃん体操」は、生育環境における運動経験の不足による「育ちそびれ」に対して、器械運動に必要な基礎的身体操作として、「体幹部と四肢の操作の協応性」を耕すことに主眼が置かれている。ねこちゃん体操は、「マット運動のための準備体操」として、「あふり」「はね」「しめ」「ひねり」の感覚と身体（体幹）を操作（コントロール）して技術を楽しく練習する方法（並行学習として、また基礎感覚づくりとして）が創りだされる。また、津田清は、「動物まねっこ体操」を考案・実践した。無脊椎動物からほ乳類に至る「動物まねっこ遊び・体操」によって、「体幹部の操作能力・感覚」を覚醒させるとともに、「体幹と四肢との協応動作」をコントロールする能力・感覚を養うことや、それらの動きの中から「ロール系の技」へ移行する動きをピックアップして技の学習へと接続することをねらっている。

このように、体育授業の準備運動（「慣れの運動」「導入運動」）や、または体育授業と並行してからだと動きのドリルワークを実践することは、「みんな」が「たのしく・できる・わかる」授業づくりに必要になってきている。

4．昔あそびを教材化

本節で紹介する教材は、遊びとしての運動文化に着目して教材化を考えた。昔あそびの多くは、集団で遊ぶあそびで、子どものコミュニケーションを深め、人と人とのかかわりによって継承されている。自分のからだの他、道具を操作したり、歌のリズムに合わせるなど、総合的にからだを動かし、場の状況を読んでそれにあった動きをしたりする。あそび方には一定のルールがあるが、それは未定型で、自分たちで自由に変形し工夫し発展できる自由度がある。土、泥、石、草、木、水などとかかわる、木登り、川遊び、石けりや、鬼ごっこ。また、道具を操作する、なわ跳び、けん玉、お手玉、メンコ…など、昔あそびが多くある。

このような特徴を持つ昔あそびは、最近の子どもたちが、自然に親しみ仲間とぶつかり合う時間・空間・仲間が失われるなかで生じた「からだと動き」の育ちそびれを克服し、「かしこいからだ」を育むための多くの要素を含んでいると考えられる。

5．石けり・まりつき・オニ遊び

足　ひざ　もも　胸
背中　肩　額　頭

（1）石けりあそび

石けりあそびは世界中でおこなわれている。日本では、「石投げ」などのあそびはあったが、図形を跳びはねて遊ぶあそびはみられず、石けりは、明治のはじめに渡来して広まったとされている（参考文献にはそれ以前から遊ばれていたとするものもあります）。石けりは一見単純そうでありながら、複雑で多様な原則やルール、きまり、罰則、時には特例もあり、それらがうまく組み立てられている。石けりの 3 大要素は、①大地に描い

た図形、②石を使う、③跳躍を軸とする全身遊びである。教材化をねらった遊び方は、(1) 歌ケン：石を伴わない跳躍遊び（②の要素は欠くがルーツは石けり）、(2) 石運び（石を大地に接したところか順次高い位置の運搬法に移っていく）、(3) 丸ケン（石を蹴るまたは投げ進める）の3種類に分かれる。

　例えば、石けりの基礎的な教材として次のような歌ケンは、わらべうたの「あんたがたどこさ」に合わせて歌にしたがって矢印または番号の方向に片足や両足で跳んで進み「さ」で1つ戻りながら遊ぶ。その中でも出発点になる（基本の）遊びは、田の字歌ケンである。これは、「田」の字を書き、左後ろのマスに入って歌のリズムに合わせて左右に跳んで移動し、歌詞の「さ」で前後に移動する。

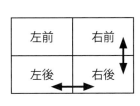

　また、左後と右前に向かい合って立って2人で、左前と右後にも横向きで立って4人でもできる。単調な流れの中での動きではなく、節の長さもリズムも多様に変化する歌の中で、からだをコントロールしながらその場の状況を読んでそれにあった動きが必要となり、このような刺激が子どもたちのからだを耕すのである。

（2）まりつきあそび

　古来、石を投げるあそびが行われていました。その後、投げ上げる遊びへと展開され、そこからお手玉や羽根つきといったんつき上げる遊びへと発展した。ゴム鞠の出現以前は、打鞠(だきゅう)や毬杖(ぎちょう)などの打つ遊び、さらには蹴鞠といった蹴るあそびが現れ、適度に弾む糸鞠の芯材が発見され一般化して初めて、地面につき下げて遊べるものになり現在のまりつきが行われるようになった。「まりつき」という呼び名は、古くはお手玉などのつき上げを指し、その後、つき下げにもこの呼び名を使うようになったとされています。まりつきには歌がつきもので、歌詞の形式から3種類に大別される。

　〈数とり形式〉の歌：一つ二つ…と順に数を数える「数とり」を、鞠をつきながらどこまで長くつけたか数える歌を〈数とりうた〉という。②〈数え歌形式〉の歌：歌詞一連（一節）を単位に同じ旋律をくり返し、それにつれて一から十までの数の名と頭韻をふむ言葉で歌い始める形式をいい、「一匁目の一助さん」等がある。③〈物語形式〉の歌：物語を詠み込んだ歌である。一遍の歌で終わらず、

次々に別の歌を接続して鞠をつき続ける融通性があること、物語が急角度で屈折し意外性という面白さが出ることに特徴がある。このうち、投げ上げる遊びとしてお手玉がある。例えば、「もしもし亀よ」などのわらべ唄に合わせて、2つのお手玉を、両手に1つずつ持ち投げ上げたり、2つのお手玉を使い、1つを左手で投げ上げ、その間に右手のお手玉を左手に移し、落ちてくる球を右手でキャッチしたりする。また、2つのお手玉を片手で持ち、1つを投げ上げ落ちてくる前に残ったもう1つを投げ上げたりと、遊び方は自由自在に変形可能である。お手玉をどのくらいの力で投げ上げたら、いつどこに落ちてくるのか、それを歌に合わせて遊ぶところに、「かしこいからだ」を育む栄養素が含まれている。さらに、お手玉で遊んだ後で、ビニールを縫って造ったカラフルで柔らかいボールなど、素材を変えながら同じようにして遊ぶことでも、からだは新規な刺激を得ることができる。また、つき下ろすまりつきの「お薦め」の遊びとして、グループで行う「あんたがたどこさ」がある。

遊び方は、①「あんたがたどこさ」の唄にあわせてボールをつく（大きさ・重さ・弾み・リズム、利き手で・逆手で・両手で・交互になど）を組み合われる。②「あんたがたどこさ」の「さ」でいろいろなことを工夫（強くつく、投げあげてとる、その場で一回り、ボールを隣に送る、自分が隣へ移動）する。①と②を自由に組み合わせながら、無数に「あんたがたどこさ」で遊ぶことができる。

また、日本のわらべ歌の拍の基本といわれる拍子は2拍子である。「あんたがたどこさ」は変拍子といわれ、歌詞に拍子を合わせて、2拍子が2つ重なり変則的に3拍子となる部分が組み込まれている。また、2番（サッサッとくり返す）、3番（サッサッサッ）では変拍子になるところが移動していく。単調な流れの中での動きではなく、節の長さもリズムも多様に変化する歌の中で、ボールをコントロールしながら動くというこのように、「あんたがたどこさ」は、変化や即興性に富んだあそびであり子どもたちのからだを育むのである。

「あんたがたどこさ」（変拍子）
あんたがたどこさ　肥後サ
肥後どこサ　熊本サ
熊本どこサ　船場サ
船場山にはタヌキがおってサ
それを猟師が鉄砲でうってサ
煮てサ、焼いてサ、食ってサ
それを木の葉でちょいとおっかぶせ

（3）オニ遊び

オニあそびの原形は、オニとなった者が追いかけ、オニでない者（子）が逃げる。走る・追いかける・逃げるという動きから構成される単純なあそびである。それに加えて、場所、地形、条件を問いません。平坦の、走りやすいところだけでなく、凸凹の、起伏のある、ときには狭い場所や障害物がある所でも、それを利用して逃げ、それを活かして追い詰めることになる。また、高オニ、色オニ、木オニ等、それに触っていればオニに捕まえられないという「安全地帯」のルールを加えるな

ど、色々応用できる普遍性をもっている。
1）ひまわり（目玉焼き）
　地面に下のような図を描いてオニ（中組）と子（外組）で競うあそびである。ひまわりの花のくびれているところが、オニにつかまりやすいスリルのあるところであり、あそびの面白さを左右する。図は遊ぶ子どもたちの人数に応じて、形や大きさを考えて地面に描く。

〈あそび方〉
①ひまわりの花と、その外側に島を描き、二組に分かれる（最初の段階では、島を用いず、ひまわりの図だけで行う単純なあそびから始めてもよい）。
②オニ（中組）は、花びらの内側と島に、子（外組）は花びらのスタート地点（◎）にいれる。
③始めの合図で、子はオニにつかまらないように、花びらから花びらへと、同じ方向に、決められた回数まわる。オニは子を中に引っ張り込むか、外に押し出したりして、進行を妨害する。
④オニが子を全員アウトにするとオニの勝ち。子が一人でも決められた回数をまわると子の勝ちとなる（決められた回数回れた子の人数で点数制にしてもよい）。

2）十字オニ
　地面に田の字（中の十字路が二重になっている）を書き、オニはその十字路の中だけを通って子をおいかけ、子は外側の四角の中を逃げ回るオニあそびである。あそび名は多様で、ルールも様々に伝えられている。

〈あそび方〉
①オニを一人決め、オニは十字路の中に入る。
②他の子たちは、四角の中へ入る。
③始めの合図で、子たちは四角の中を逃げ、オニは十字路だけを走って逃げる子をつかまえる。
④つかまったらオニになり、十字形に入って子を追いかける（オニと交替してもいい）。
〈発展ルール：くつとり〉
　オニにつかまったら片足の靴を中央に持って行かれ、片足ケンケンで逃げる。オニが他の子をつかまえているすきに、自分または別の子が靴を取り返したら、両足に戻る。両方の靴を取られた子は鬼になる。
3）Sケン
　二組に分かれてぶつかり合う集団オニあそび。陣とりあそびの仲間でもある。あそびで利用する図形がSの字で、ケンケンで敵を攻めることから「Sケン」と呼ばれ、図の形によって、「Eケン」や「8の字」などの名もあり、また、図の形とは関係なく「にくだん」

の名でも伝えられている。

〈あそび方〉
①地面に大きくSの字と、適当な数の島（安全地帯）を書く。
②二組に別れ、それぞれ自分の陣地に入り、宝物（空き缶や石ころ）を置く。
③始めの合図で、片足ケンケンで相手の陣地へ向けて進む。それぞれ自分の陣地と島では両足をついていい。
④片足ケンケン同士で取っ組み合い、両足をついたり、倒されたりするとアウト。
⑤相手の陣地に宝を取りに行く時は片足ケンケンで攻め込む。
⑥相手チームの宝を自分の陣地に持ち帰るか、相手を全員アウトにすると勝ち。
⑦線を踏んだり、線から出たりすると負け。
⑧相手の陣地にいる子を、自分の陣地から線越しに引きずり込んでアウトにするのもあり。

〈注意〉
　異年齢や男女一緒に遊ぶ時など、力の差が大きい時は、大きい子は片手だけを使うというようなハンデをつけてもよい。多人数の時は、かえって小さい子がうまくスキを狙って相手陣地に入り込み、宝を取ってくることもある。

〈発展ルール：二重Sケン〉
　Sの字を二重にする。これだと外に出るのに相手の陣地を回るようになるので、引きずり込まれる心配と、逆にぼんやりしている子をやっつけることもできるなど、あそびの展開が複雑になる。
　このようにオニ遊びは、機敏に身をかわし、相手をすかしたり、フェイントを賭けたりするため、子どもたちのからだは総合的に耕される。さらに、集団のあそびであることから、コンビネーションプレイや高度な作戦も要求される。

II．ねらい

〈できる〉
・自分や仲間の動きを感じながら、環境やリズムに合わせて体を調整して動かす。

〈わかる〉
・いろいろな遊びに取り組む中で、自分の体に気づき、調整し、交流することができる。

〈学び合い〉
・仲間とともにみんなで上手になる方法を考え、教え合い、からだで関わり合い新しい遊びを創り出すことができる。

III．評価規準

〈知識及び技能〉
・自分の体を環境や状況に合わせて動かし、仲間の動きを感じながら遊ぶ心地よさがわかる。

〈思考力、判断力、表現力〉
・自分の体を遊びに合わせてコントロールすることができる。ボールをリズム良くつき、

第2章　小学校中学年体育の授業プラン

変化に応じて上手に扱うことができる。

〈学びに向かう力、人間性〉

・むかしあそびを通して、仲間と協力して教え合い、みんなで新しい遊びを創り出す。

Ⅳ．学習の進め方

全体指導計画（全6回）

次	回	ねらい	内容・方法	留意点
1次	1回	1. 学習の約束を理解 2. 歌ケン① 「あんたがたどこさ」のリズムに合わせ、「さ」で動きに変化をつけ、決めた動きを間違えないように動く	1. 並び方などを知る 2.「あんたがたどこさ」の歌 3.「さ」で手を叩く 4. リズムに合わせて左右に飛ぶ、「さ」で前（後ろでもOK）へ飛ぶ 5. リズムに合わせて前後に飛ぶ、「さ」で左（右でもOK）へ飛ぶ 6. いろいろな動きを組み合わせて遊ぶ	○歌詞を、覚えているか確認する。 ○おもしろい動きを取り上げてクラスで共有して遊ぶ。
	2回	歌ケン② 1.「田」の字を書き、左後ろのマスに入って歌のリズムに合わせて左右に跳んで移動し、歌詞の「さ」で前後に移動する	1. 田の字を書く（体育館の場合はテープを使用） 2.「あんたがたどこさ」の歌に合わせて、田の字を左右に飛ぶ 3.「さ」の時に前へ飛び、次の拍で後ろに飛ぶ （表） 左前　右前 左後　右後 4. 3を二人で行う 5. 3を四人で行う 6. いろいろなメンバーで行う	○一人バージョンができるように、グループごとに教え合う。 ○複数人で行う時はいろいろな仲間と成功できるようにする。
	3回	1. 歌ケン③ 2. 歌ケン①、②、③を組み合わせグループごとに遊びを考える。	1. 田の字以外のマスを書いて遊ぶ （イラスト） 2. これまで行ってきた歌ケンの遊びを工夫して、グループのオリジナルの歌ケンを創る 3. グループごとにオリジナル歌ケンを発表する	○事前に様々なマスを用意しておく。 ○グループ内での活動を観察し、みんなの意見を出し合い、取り入れている班をほめる。

32

	4回	まりつき① 一人であんたがたどこさの歌に合わせて、ボールをつく。	1. あんたがたどこさを歌いながら、ボールをつく(様々な種類のボールを用意)。最後の「ちょいとかぶせ」のところでカッコイイポーズを考える 2. 歌に合わせてボールをつきながら「さ」で足の下をくぐらせる。 3. 足のくぐらせ方を変える(外から中へ、中から外へ、右足、左足)。	○上手にできている子を見本にする ○自分がやりやすい手、足、方向で行う。
2次	5回	まりつき②グループで	1. 二人組で手をつないで、あんたがたどこさを行い「さ」の時にボールを交換する 2. グループで円になって、あんたがたどこさを歌いながらボールをつく。「さ」の時に左隣(右でもOK)の人にボールを渡す。 3.「さ」の時にワンバウンドで左隣の人にボールを渡す 4.「さ」の時にボールをついて、左隣に移動し左隣の人のボールをつく 5. グループで「さ」の部分を工夫する	
	6回	まりつき①、②を組み合わせてグループごとに遊びをつくる	1. グループに分かれて、作品作りを行う 2. グループごとに作品紹介を行い、それをみんなで行ってみる	○おもしろいアイディアがある班を見つけて共有する

Ⅴ.評価

〈わかる〉(思考、判断、表現力)

・ あんたがたどこさの新しい遊び方を創りだすことができる。
・ ボール操作を状況に応じて選択しコントロールできる。

〈できる〉(運動の技能)

・ リズミカルにボールをつくことができる。
・ 仲間の取りやすいところにボールを渡すことができる。
・ 仲間と息を合わせることができる。

〈かかわる〉(学びに向かう力・人間性など)

・ みんなで上手になる方法を考え、教え合う。
  みんなで遊びを創り出す。

【引用・参考文献】
(1) 日本学術会議(2017)子どもの動きの健全な育成を目指して―基本的動作が危ない―.
(2) 久保健(2016)『これでわかる体ほぐしの運動』成美堂出版.
(3) 宮崎庄三(2006)「技能習得と体力の関係」和歌山大学教育学研究科修士論文(未公刊).
(4) 山内基広(2007)『ねこちゃん体操からはじめる器械運動のトータル学習プラン』創文企画.
(5) 津田清(2006)「1年生「ロール系お話マット」の試み―子どもの身体を耕す「動物まねっこ体操」を創る―』『たのしい体育・スポーツ』197, p.12-15.

第2章　小学校中学年体育の授業プラン

マット運動
（側転を含む連続技）

Ⅰ．教材について

　マット運動では、技が「できる」ことを目指して、どのような身体の動かしかたをすればよいか、動きかたの「コツ」を身につける学習が特徴になる。それは、自分の身体の動かしかたに意識をもち、動きかたに工夫を加え、身体の動かしかたが「わかり」、「できない」ことを「できる」ようにする学習である。

　マット運動の特質は「マットでの空間表現」と考える。マット運動は、オリンピックなどで行われている「床運動」を教材化したものである。床運動はある幅と長さをもつ面と、その上にある空間において、時空的身体表現運動として難易度を含んだ技の組み合わせを競う競技である。技をできるようにし、それらの技を組み合わせて演技構成している。つまり、マット運動は接転技・回転技・ジャンプ・バランス技などの技を組み合わせ、連続技を創作し、表現していくところに特有のおもしろさがある。単に一つの技が「できた」「できない」のみにそのおもしろさがあるのではなく、マット上の空間に体を使ってどう表現するかという創作・表現活動こそがマット運動特有のおもしろさである。子どもたちにとっても、単一技の習得だけではなく、自分たちで演技構成を考えたり、技のつなぎ方を工夫したりすることは楽しい活動である。

　スムーズな連続技とは、技と技のつなぎが滑らかで、また変化のある技の組み合わせで構成された演技を正確に行うことだと思われる。スムーズな連続技ができるようになるためには、子どもたちはよりよい演技を目指して、自分のできる技や挑戦する技をつなげて連続技を構成し、技を正確に行うこと、技と技のつなぎをスムーズにすること、技のスピードをコントロールすることを意識して学習することになる。一つの技や一つの技のみの繰り返しよりも、いろいろな技を組み合わせた連続技の方が豊かな表現活動ができる。また、次の技を予測して身体制御をするため、より高度な身体制御能力が身につけられ、その中で一つ一つの技も高めることができる。

　スムーズな連続技とはどんな連続技なのかを考え、単一技自体の出来栄えや技と技のつなぎ方などについて「○○のようにできていたらいい」というクラス内での連続技のイメージを出していくことで目指す運動の目標像が共有され、相互観察の視点も共有される。

　個人個人の運動学習に対して、子どもたち同士が相互に運動観察し合うことによって、他の子どもから得られた運動修正の情報をもとに自分の技の習得や連続技の演技における課題を明確にすることができる。また、他の子どもたちから得られたアドバイスと自分の身体の動かし方をすり合わせながら動きを修正することで、お互いに学び合いながら学習を進めながら、自分の「できる」だけでなくグループの友だちが「できる」ことにつながる。

マット運動（側転を含む連続技）

Ⅱ．学習の流れ

時		ねらい	内容
1	オリエンテーション	・学習のねらいについて共通確認をする。 ・グループでの役割や場の設定など、学習の進め方について理解する。	・学習のねらい ・学習の進め方 ・グループ分け
2・3	側転の学習	・腕支持の感覚をつかむ。 ・手足の着手着地のリズムをつかんで側転ができるようにする。 ・腰を高く上げる感覚をつかむ。	・側転の感覚づくり ・側転の練習
4～6	連続技学習	・連続技をつくるために、側方倒立回転系、前転・後転系、ジャンプ系、バランス系、つなぎ技などを組み合わせることがわかる。	・側転の練習 ・連続技の練習 ・連続技づくり
7	発表会	・自分たちで考えた連続技を発表する。	・自分たちで発表会を計画し、運営する。

1．学習のねらい

- 側方倒立回転（以下、側転）やスピードをコントロールした前転や後転をすることができる。
- 側転系、前転・後転系、ジャンプ系、バランス系、つなぎ技などを使って連続技をつくることができる。
- 一つ一つの技を正確に行ったり、なめらかに組み合わせたりしながら演技することができる。
- 側転の技のポイントがわかる。
- 技と技をスムーズにつなげるためには、技のつなぎ方や単一技の終末局面がポイントであることがわかる。

2．側転の学習

(1)「山とび（手と足のリズムづくりと手に体重を乗せる支持感覚づくり）」
①山とび

とび箱をはさむように手をつく。目線は手の先を見つめるようにする。見つめるための目印（マーク）をつけるとよい。

35

②山とび（手足のリズムをつける）

右足を引いて、始める。とび箱をはさむように手をつけ、右足・左足の順に足をつける。着地する右足と左足の幅を広げるようにする。

③山とびをお話マットに取り入れる

はじめます　ライオンが　やってきて　ガオー　やまをとびこえ　くるりんパッ　ポーズ

ガオーの時には手を高く上げて、高い位置から着手できるようにする。

④マットを高くする

マットで側転を行う場合に比べて、山とびは手をつく位置が高いために手を振り下ろすことへの恐怖心を和らげることができる。また、体重を腕に乗せる感覚をつかみやすい。この状態からマットを高くしていくことで、徐々に踏み切り足の位置と着手位置の高低差を無くしていく。

次の図のように、とび越える山をだんだん低いものしていき、3連続で側転をする場の設定も考えられる。

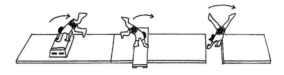

(2)「ぞぉ～さんパオーン（支持感覚づくり）」
①足を入れ替えずに

パオ～ン　　　　ぞぉ～おさん

構えの姿勢（パオーン）から身体を落として着手し、振り上げ足を上げて身体を浮かせる。踏み切り足（靴下）・振り上げ足（裸足）の順に着地し、手を突き放して構えの姿勢（パオーン）に戻る。

片方だけ靴下を履かせることで踏み切り足と振り上げ足がわかっていない子には意識させやすい。

＊振り上げ足を意識させたい場合は、踏み切り足を裸足にして、振り上げ足に靴下をはかせる方法もある。

始める前、終わった後に手を上げて構えの姿勢（パオーン）に戻ることが大切である。前の足でけり上げる意識よりも後ろの足で振り上げる意識を持たせる。

片足だけを上げることで逆位の姿勢になることへの恐怖心を和らげながら、腰を高く上げる感覚をつかませるようにする。

マット運動（側転を含む連続技）

　手を振り下ろして、マットに手をつけることに恐怖心を持っている子には図のようにとび箱に着手するようにすると、手をつく位置が高くなるので、恐怖心を和らげることができる。

②足を入れ替えて
　振り上げ足を上げる感覚をつかんできたら、着手後、身体が浮いたら踏み切り足と振り上げ足を入れ替える。

③ロープを使った練習方法
　ロープにそって、振り上げ足を下ろすようにする。

④ロープをだんだん広げる

　ロープを少しずつ広げていき、ロープが直線になるようにし、それにそって側転を行うようにする。

⑤フープを使った練習方法
　振り上げ足を向かい側のフープに入れるように意識する。振り上げ足がフープに着地したら、手を突き放して踏み切り足をフープの外に出すようにする。

⑥フープをだんだん開く
　フープを少しずつ開いて直線での側転の形にしていく。また、フープの感覚を広げることで大きな側転ができるようにしていく。

（2）側転の調査

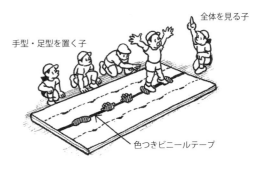

　側転の出来具合を調査する方法として「手型・足型」を使った方法がある。側転後に手型や足型を置き、側転を調査する。試技者が試技し終わったら3人が手型・足型を一斉に置く。一人がその手型・足型を学習カードに記録する。

【学習カード例】

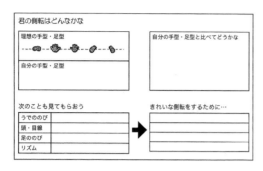

上手な子の側転は、手・手・足・足の軌跡がほぼ等間隔であり、一直線上に並ぶように演技している。また、手や足を置いた位置だけでなく、手や足の向きにも着目させたい。

グループの友だち同士で見合うことで、自分の側転と友だちの側転を比べながら考えることができる。

（2）大股歩き側転

腰が上がらずに低い側転になってしまう子は、視線が急に下がる感覚が身に付いていないために、恐怖心から着手が横にそれてしまったり、踏み込み足が横にそれてしまったりして、手足が一直線につかない。

また、踏み込み足が前方に足を踏まず、その場または後方に足を踏み込んでしまうことがある。このような側転では側転に必要な前方への重心移動が行われず、側転が難しくなる。そこで、大股歩きを入れることで側転に必要な前方への重心移動を行いやすくする。

まずは、大股歩き前転で視線が急に下がる感覚をつくる。

その後、大股歩き側転につなげる。動作のポイントは手を横に広げて、肩甲骨を広げ、胸をはった姿勢から始めることである。

（3）側転を3連続で行う

側転を連続で行うためには、側転の後半部分でしっかりと体を起こし、前方への重心移動が必要となる。側転の重心移動ができていることや手の突き放しをして体を起こすことができていることが確かめられる。

（4）側転の発展技

①ホップ側転

助走をつけ、三段跳びのホップ・ステップ・ジャンプのリズムのうちの「ホップ（踏み切った足で着地）」をして側転をする。

②ロンダート

ホップ側転中に両足をそろえ、後ろにひねりながら、進行方向に対して後ろ向きに両足着地する。反らせた体をあふることを利用して着地する。

胸をはって　高く遠くホップする　遠くに手をつく　倒立経過中に　腰の「あふり」を
軽く助走する　　　　　　　　　　　　　　　両足をそろえる　利用して着地する

③ホップ側転前ひねり

　ロンダートと同様に、ホップ側転中に両足をそろえ、後ろのつき手を残すようにして、前（90°）にひねり、着地する。

胸をはって　高く遠くホップする　遠くに手をつく　倒立経過中に　腰の「あふり」で
軽く助走する　　　　　　　　　　　　　　　両足をそろえる　前向きに着地する

３．連続技の学習

（１）規定技

　全員に同じ課題を提示し、それを規定演技として連続技を行う。例えば、「前転→ジャンプ→側転→水平バランス」のように設定する。

　ここでは、どのように技と技をつなぐとなめらかに、より美しく表現できるかをグループで見合わせる。前転をしてジャンプするためには、どのように前転を終えればよいのか、ジャンプをしてスムーズに側転へつなげるためにはどのようなジャンプをすればよいのか、側転から水平バランスにつなげるにはどうすればよいのかをグループで見合いながら練習する。

（２）連続技づくり

　規定技による練習で次の技へつなぎやすくするための技の終わり方や技と技のつなぎ方を考えたことを踏まえて、グループによる話し合いで連続技づくりを行う。

マット運動（側転を含む連続技）

　側転を取り入れることで技の表現がダイナミックになったり、回転技（前転、側転など）とバランス技を組み合わせることで、高低の変化やスピードの変化が生まれたりする。

　技をスムーズになめらかにつなげるためには、技と技のつなぎ方の工夫や技のスピードコントロール、次の技の予測、終末局面における姿勢変化の工夫等が必要である。連続技づくりを通して子どもたちに考えさせたい内容である。

【連続技の例】

側転→前転→Ｖ字バランス

前転→側転→水平バランス

前転→後転→側転

【技と技のつなぎの工夫例】

足交差ひねり　　ターン　　ジャンプ
←前から見た様子

第2章　小学校中学年体育の授業プラン

マット運動
（集団マット）

Ⅰ．教材について

1．マット運動の表現とは

　マット運動にはさまざまな技があり、これらは多様に組み合わせた連続技を構成することができる。また前に、後ろに、横に、宙に、あらゆる方向に運動を変化させ、高く低く、強く弱く、速く遅くといったリズムを含んで多様に表現されるため、表現の幅が広くなる。この多様性によって、個人やグループの「自分たちらしさ」が表現できるおもしろさを味わうことができる。そして、創作された一連の連続技をよりリズミカルに、より力強く、より美しく演技できるよう、仲間とともに表現の質を追求していくのである。

　マット運動は、回転技・転回技・ジャンプ・バランス技などの技の組み合わせ、連続技を創作し、表現していくところに特有のおもしろさがある。この連続技を指導する際に、まず連続技を構成する単一技から指導し、それらが正確にできるようになってから連続技指導に入るという学習の流れがよく見られる。しかし、実際には一つ一つの技がうまくできるようになっても、いざ連続技の学習をしてみると、なめらかにつないで演技できないということがよくある。マット運動は個人種目であり、個人技能を高めることが目的である。しかし、子どもたちが教え合い、学び合いながら学習することで個人の高まりが集団としての高まりにつながるような学習を進めたい

と考える。集団マットをグループで練習している中で、課題となる技が見つかれば、その技が習熟できるようにグループで単技の練習に戻るということも可能である。このような学習を進めながら、集団としての表現も高めていきグループで作品をつくるおもしろさを味わわせたい。

2．集団マット

　個人による連続技ではなく、グループで集団演技することで、みんなで演技するからこそできる表現のおもしろさを感じることができる。集団マットとは、3、4人のグループで演技をする集団演技としてのマット運動である。集団マットは競技としては個人種目のマット運動を複数の子どもが同時に運動することで集団的な空間表現をするものである。集団マットの特徴としては、次のような点が挙げられる。

・集団での演技となるので、他者との関係の中で技の構成や場の使い方を多様に工夫することができる。

・一人で運動するのではなく、集団として一つのまとまった動きを作るため、全体の動きに自分のリズムを合わせていくことになる。運動のリズムには個人差があるため、そのリズムを合わせていく過程において他者との交流が必然的に生まれる。

　また、音楽（音楽マット）や歌（歌声マット）を入れることで、音に合わせてリズムを変えるなど表現の工夫がしやすくなる。

40

３．集団マット作りのポイント

（１）高低の変化をつける

後転やブリッジなどの姿勢が低い技や、側転や水平バランスなどの姿勢が高い技を両方取り入れることで、高さの変化が生まれるおもしろさが出る。

（２）スピードの変化をつける

前転・側転などの動く技とブリッジ・水平バランスなど静止技を取り入れることで、動きにメリハリをつける。また、同じ前転でも速く回る前転とゆっくり回る前転の動きが入ることで動きのバリエーションが生まれる。

（３）次の技を予測して技をコントロールする

例えば、前転の後にＶ字バランスなどの静止技をする場合、前転をゆっくり回るなどスピードのコントロールが必要となる。

（４）次の技のつなぎをスムーズに行う

前転などの単技をつなげるためのつなぎ技（方向転換を行うためにジャンプを用いるなど）を取り入れる。

（５）マットの使い方を考えて構成する

マットを複数枚つなげて場をつくることで、縦・横・斜めなど動き方のバリエーションが生まれる。集団の動き方を工夫するところにも集団マットのおもしろさがある。

４．個人の連続技との違い

個人の連続技は自分のタイミングで演技することができるが、集団で演技するためには周りと動きをそろえ、タイミングを合わせる必要がある。また、場の使い方によっては、方向転換があるので、一つの技の終末局面と次の技の準備局面のつなぎを意識しないとスムーズに技がつながらない。そこでは技をコントロールする技能が求められる。

Ⅱ．学習の流れ

３年生での「側転と側転を含む連続技」学習の続きとして、４年生で行う集団マット（歌声マット）の単元をここでは示す。

時		ねらい	内容
1	オリエンテーション	・学習のねらいについて共通確認をする ・グループでの役割や場の設定など、学習の進め方について理解する	・学習のねらい ・学習の進め方 ・１グループ３、４人のグループに分ける
2〜4	前転・後転・側転の学習	・前転、後転、側転の単技の確認をする ・課題曲による歌声マットを知る ・歌のリズムに合わせて、技のスピードをコントロールする ・技の高低やリズムの変化があると表現が深まることを知る	・ねこちゃん体操 ・前転の練習 ・後転の練習 ・側転の練習 ・課題曲による歌声マットを行う
		・グループで歌声マットをつくる ・高低の変化をつける	・ねこちゃん体操 ・歌声マットづくり

5〜12	歌声マットづくり	・スピードの変化をつける ・次の技を予測して技をコントロールする ・つなぎをスムーズにする ・マット（空間）の使い方を考えて構成する ・歌声のリズムに合わせて演技することができる	・歌声マットの練習 ・単技の練習
13・14	発表会	・自分たちで考えた集団マットを発表する	・自分たちで発表会を計画し、運営する

1．学習のねらい

・側転をしたり、スピードをコントロールして前転や後転をしたりすることができる。
・側転の技のポイントがわかる。
・単一の技を組み合わせて、グループで歌声マットを構成し、動きを合わせて運動することができる。
・みんなで協力して学習の準備や片づけをしたり、相互に運動を観察したり、観察した情報を交流し合ったりすることができる。

2．前転・後転の学習

　回転後に、しっかりと立ち上がることまで学習させるには、前転よりも後転の方が取り組みやすい。また、開脚後転は通常の後転より足を開くために、頭の近くで着足できるので立ち上がりやすい。

（1）ねこちゃん体操の「アンテナ（肩倒立）」の動き

　ねこちゃん体操の「アンテナ」で前転・後転の「しめ」の感覚を学習させる。

1）「アンテナさんの」

・頭を起こしてつま先を見る。
　（腹筋に力を入れる）

・足を揃えてつま先を伸ばす。
・腕は軽く開き、手のひらでマットをおさえるようにする。

2）「ようい」

・一気に足と腰を持ち上げる。
・膝がまがらないようにする。
・背中をマットと垂直にする。
・つま先をマットにつける。

3）「アンテナさんがピーン」

・腕をまげ、手で腰を支える。
・つま先までまっすぐ伸ばす。

（2）開脚後転の学習

　次の図のようにしゃがんだ状態からだと体角を開くことができず、勢いがつかない。また、後方への意識が強いと視線を上げて頭をそらせてしまい、肘が開くのでうまく回れな

い。

1）体のしめを意識して練習する（マット2枚重ね）

　マットを重ねることで頭が邪魔して回れないという課題を無くす。

2）回転と体の開きを意識した練習（マット1枚重ね）

3）立った位置からの開脚後転

（3）前転の学習
1）動物歩き

　くまさんの姿勢（着手・視点・腰の高さ）を意識させ、「こんにちは」のところであごを引いて、おへそを見るように頭を両肩の中へ入れる。重心が前方に移動することで、自然と回転してゆっくりと前転の動作へつながることができる。

2）肩倒立からの起き上がり

　「くまさんこんにちは」で前方に回る感覚を確認した後、立ち上がる感覚を養う。最後まであごを引いていることが大切である。

3）前転3連続

　連続で行うことで、前の前転の後半動作が次の前転の前半動作（あごを引いて手をつこ

うとする動き）につながっていることを学習できる。

3．歌声マットの学習

（1）課題曲による歌声マット学習

中学年の集団マットは、歌声マットから指導する。一定のスピードで演奏される音楽よりも歌い方によってスピードを変えることができる良さがあるためである。歌が入ることにより、音楽に合わせて速く動くところ、ゆっくり動くところ、大きい動作などの工夫が考えられる。

また、日常の中で行うことが少ないマット運動の連続技を考えることは子どもにとっては難しい課題となることが予想される。こうした課題に対して、歌声マットでは、歌詞をよりどころにして連続技のイメージを持たせることができる。

1）課題曲による歌声マットの連続技学習

ここでは課題曲として「たんぽぽひらいた」を取り上げる。

〈課題曲「たんぽぽひらいた」歌声マット〉

「たんぽぽひらいた」の歌詞に着目すると「ひらいた」という言葉が3回出てくる。ここでは体を大きく使った技の選択が考えられる。例えば、「体を大きく開いて側転を行う」「手

と足を大きく伸ばして水平バランスを行う」などが挙げられる。また、こうした技の前後には姿勢が低い前転などを行うことで、高低を生かした演技になる。

2）空間の使い方を工夫する

一人で直線上のマットで練習するのではなく、集団で方形のマットで演技することによって、表現が大きく広がる。同じ方向へ進んだり、出会ったり、中心から外へ行ったり、外から中心に集まったりするなど空間の使い方が考えらえる。これを子どもたちに考えさせることも、集団で表現することのおもしろさの一つである。

個人の連続技を直線マットで行う場合と方形マットで行う場合では、大きな違いがある。方形マットには直線マットにはない、方向転換が可能になるため表現の方法が多様になる。

〈空間の使い方の例〉

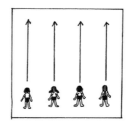 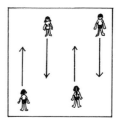

マット運動（集団マット）

先に例として挙げた「たんぽぽひらいた」の、「ひらいた」という言葉からは、たんぽぽの花がひらくことをイメージして、中央に集まった状態から、外側へ散っていく離散の隊形移動が考えらえる。

また、空間の使い方と関わって、時間差（演技をするタイミングをずらす等）の工夫を取り入れることで、より効果的な表現をおこなうことができる。

このように課題曲を用いることで、全てのグループに集団演技における連続技の作り方のポイント（高低の変化をつける・スピードの変化をつける）や空間の使い方について学ばせることができる。

また、連続技として練習する中で、技をスムーズに行うためには、「次の技を予測して技をコントロールする」ことや「つなぎをスムーズにする」ことが必要であることを学ばせることができる。

（2）歌声マットの創作

課題曲「たんぽぽひらいた」による歌声マットで歌声マットのイメージをつかんだら、次は歌声マットの創作活動に移行する。

歌を歌いながら、リズムをとるため、歌声マットで使用する歌はみんなが知っていて、歌いやすい歌が望ましい。「小さい秋」「どんぐりころころ」などテンポがゆっくりな歌だと、歌に合わせてゆったりと演技できたり、歌う子が演技に合わせて、リズムを合わせて歌ったりすることが行いやすい。

歌声マットで用いる歌については、子どもたちが歌を自分たちで選んでもよいが、あまり歌が長いと演技の構成が難しくなるので、長い歌は一部にするなど、歌の選択に工夫が必要である。

〈歌声マットの創作例〉

（3）練習の方法

ペアグループを固定することで、歌のリズムが合わせやすいので、1班と2班、3班と4班というようにペアグループを作って、お互いのグループで歌を歌ったり、演技についてアドバイスできたりするようにするとよい。また、必要に応じて一つ一つの単技の練習も入れるようにする。

考えた歌声マットを練習する中で、修正を加えてよりよいものにしていく。その際の視点として、集団マットの学習のポイントである下記の点について、できているかどうかを確認させる。

・高低の変化をつける。
・スピードの変化をつける。
・次の技を予測して技をコントロールする。
・つなぎをスムーズにする。
・空間の使い方を考えて構成する。

中学年という発達段階を考えると、学習した単技（側転・前転・後転など）以外に、最後のポーズを自由に決めたり、遊戯的な動きを取り入れることも、子どもたちの発想を豊かにし、表現に膨らみを持たせることにもつながる。

第2章 小学校中学年体育の授業プラン

跳び箱運動
（台上前転からネックスプリング跳び）

I．教材について

　跳び箱運動は、跳馬を教材化したものであり、同志会では跳び箱運動の特質（その運動でしか味わえない楽しさ）は跳び箱を使っての「空間表現」と考えている。その面白さは跳び箱を媒介とした空間で、巧みさやダイナミックさ、美しさを表現するために技術を分析し、技を追求することにある。
　中学年では、低学年時に身に付けてきた①助走から着地までのリズムコントロール、②着手時における腕支持感覚、③着手時の重心移動、④安定した着地の方法等の運動感覚をもとに技の習得を目指す。
　中学年の跳び箱運動技は、基礎技術と考える「横とびこし」から「ひねり横とびこし」⇒「側転とび」につながる回転系と「横とびこし」から「かかえこみとび」⇒「開脚（水平）とび」につながる反転系、そして、「台上前転」から「ネックスプリング」につながる3つの指導系統がある。
　ここでは、跳び箱運動の基礎技術となる「横とびこし」（図1）とその発展技である「ひねり横とびこし」や「かかえこみとび」とは系統の異なる「台上前転からネックスプリング」（図2）を中核教材とした学習計画を紹介する。

II．ねらいについて

〈わかる〉
・腕支持から腰を高く引き上げる感覚とともに「ため」姿勢の取り方や「はね」動作と腕押しのタイミングがわかる。

〈できる〉
・助走から踏み切り、着地までを一連の動作として「台上前転」、「ネックスプリング」ができる。

〈学び合う〉
・腰の高さや「はね」のタイミングなどを意識させるため簡単な記録を取ったり、みん

図1　横跳び越し（回転系：左、反転系：右）

図2　台上前転（左）とネットスプリング（右）

跳び箱運動

ながわかってできるようになるための技術のポイントを見つけたり、それを教え合ったりすることができる。

これら3つのことを子どもたちの学びのねらいにするために、学習計画にも示すように運動能力の異なる男女混合の異質集団での

グループづくりを行う（異質共同のグループづくり）。

グループの友だち同士で技のポイントを見つけたり、友だちの出来具合を教え合いながら「みんなでわかって、できる」主体的なグループ学習をすすめ、「みんなでうまくなる」学びの経験をくぐることが大切である。

Ⅲ．学習計画について（3・4年）

	時	ね　ら　い	内　　容
	1・2	○跳び箱事前アンケートの実施 ○学習のめあてを話し合う ○グループ役割分担を決める ○場の準備、学習の流れの確認 ○グループ学習の方法を知る	①これまでの学習経験について、アンケートをもとに交流し、学習目標をクラスで決める。 ②異質共同のグループをつくり、学習の進め方、準備や片付けなど役割分担を確認する。
技術指導	3・4・5・6・7・8	○段階的な学習を通して、運動技術を身に付ける。 〈台上前転〉（3年） ・腰を高く上げて、腕支持により体重移動と体のしめ 〈ネックスプリング〉（4年） ・はねの動作 ・ネックスタンドができる。 ・はねの動作と腕押しのタイミングが分かる。 ○グループの友だちを観察し、互いにうまくなるためのアドバイスすることができる。	①跳び箱上で腰を引き上げ、腕支持から体重移動をしながら背中を丸め（ねこちゃん体操のフー）ゆっくりと前転する。着地時はねこちゃん体操の「ハー」を意識 ※首に負担のかからない後頭部を台上に付ける前転をする。 ②台上前転で足（膝）をまっすぐに伸ばし6の形をつくり、「ため」を意識する。 6の形から体角※を大きく開き背中をそらしながら「はね」の動作を行う。 （＝6ブリッジ）（ネックスタンド：下図） ※ここでは、上体と腰下の間にできる角度のことを指している。 ③軽い助走からネックスプリングができる。 ①は3年、②③は4年
まとめ	9・10	○発表会を計画し、それに向けた練習をする。 ○友だちの演技を見て成果が評価できる。 ○まとめの感想を書く。	①発表会の内容、役割分担など話し合い練習する。 ②友だちの技を観察し、成長したところを評価する。 ③できるようになったこと、わかったことを中心に感想を書く。

47

IV. 授業プラン
（台上前転からネックスプリング）

技術指導3〜8時間（1〜4：台上前転、5〜8：ネックスプリング）。

1. 台上前転につながる運動

（1）ねこちゃん体操「ねこちゃんが怒った」

「ねーこちゃんがおこった、フー、ハー」

◆台上前転の着手、腕支持から体重移動の際に背中を丸め後頭部を跳び箱につける。その時にねこちゃん体操の「フー」をし、着地時には安定して立つために「ハー」を意識し上体を起こす。

（2）マット上でまっすぐな前転

ゆっくり、まっすぐに前転（スピードコントロールしながら重心の移動を意識させる）。

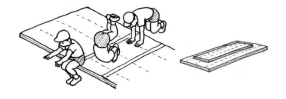

◆マットにビニールテープなどで等間隔の線を引き（あれば、細いマットを利用して）、着手時に腰を頭より高く上げた状態でゆっくり、まっすぐを意識して前転する。

（3）足伸ばし前転

回転途中で足先を見て足をしっかり伸ばす。

◆逆さまの状態では、体のしめをすることが難しくなるので前転時に足先を見てしっかり足を延ばす感覚を養う。

（4）大股歩き前転

◆前転前の着手時にしっかりと両手で体重を支え、体重移動と「フー」の姿勢を素早く作る感覚とお腹への力の入れ方「しめ」の感覚を養う。

2. 跳び箱を2つ連結した上での台上前転（跳び箱の高さを1段から順に4段へ）

◆手の親指を内側にして跳び箱をつかむように着手した手に体重をかけ、ねこちゃん体操の「フー」を意識し、<u>腰の位置が頭よりも高い状態で</u>体重移動しながら、ゆっくりと前転する。

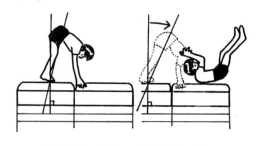

腰の位置を高くして、重心移動＋「フー」

跳び箱運動

◆1段出来れば、2、3段と順に高さを上げていき、4段以上では両足で着地時にねこちゃん体操の「ハー」で上体を起こす。両足は「足伸ばし前転」の要領で足先まで伸ばすことも意識させる。

恐怖心のある児童にはマットをしくなど痛さに対する配慮が必要である。

3．手前の跳び箱を1段ずつ下げながら腰を高く引き上げ、重心移動を意識した台上前転（4段から2or1段、ロイター板へ）

跳び箱の両サイドにはマットを敷き詰める。

◆低くした手前の跳び箱から「イチ・ニイ・サン！」の掛け声に合わせてゆっくり前転する。「イチ・ニイ」では、腰の位置の高さを意識（頭の位置よりも高く）しながら、腰をぴょんぴょんとその場で引き上げ、腕支持で体重を支える。「サン！」のタイミングで、おへそを見るように頭を引き込み（ねこちゃん体操「フー」）、後頭部を跳び箱につけながらゆっくり前転する。

◆手前の跳び箱が2段、1段になると腕支持の弱い子や腰が高く上がらない子は、重心移動がうまくできず、頭がつかえうまく回転できない。そこで跳び箱の代わりにセーフティーマットとマットを使って高さをつくり（下図）、ロイター板の反発を活かして腰を高く上げ、痛みや脱落の恐怖がない状態で練習し、自信をつけさせる。

◆ロイター板と跳び箱を使って、助走なしで2段（3段からでも可能）から順に高さを上げて台上前転をする。この時も「イチ・ニイ・サン！」のリズムで腰上げと腕支持、体重移動を意識して「サン！」のタイミングでゆっくりと前転する。

慣れてきたら、「イチ・ニイ！」で前転したり「イチ！」のリズムで回転までもっていく。

4．助走をつけて台上前転

◆腰の引き上げと重心移動がうまくできるようになったら、1歩、2歩、3歩と助走をつけてロイター板を踏みきり着手する。着手位置は跳び箱手前3分の1のところ。スムースな回転と、優しい着地を意識する。

5．ネックスプリングにつながる運動（ねこちゃん体操）

「ブリッジ」と「アンテナさん、ピーン」

腕の突き放しの感覚と体の「しめ」の感覚による背中を反りと柔軟性を養い、ネックスタンド、ネックスプリングにつなげる。

第2章　小学校中学年体育の授業プラン

「アンテナさん、ピーン　「ブリッジ用意！　それ、ブ
ポキ！」　　　　　　　リッジ！」

◆アンテナさん「ピーン」「ポキ」の時に膝を曲げたアンテナさんから、膝を伸ばしたアンテナさんをすることで「ため」と体のしめを意識する。

さらに、腰をそらせることを意識するために、ポキの位置から大きく体角を開きながらブリッジにまで持ってくることもできる。

6．膝（足）伸ばし台上前転

◆台上前転の着手時から腰を引き上げる際も膝を伸ばして足先をまっすぐにそろえて、ゆっくりと前転する。ネックスプリングの跳ねの「ため」を意識させる。

7．ネックスタンドで跳ねのタイミングをつかむ

（1）舞台上からエバーマットを使って
〈反りおりの練習〉

◆前転の要領でゆっくりと6ブリッジの体勢へもっていく。「ため」をつくりながら、両足を伸ばし、体角を開きながら足先が見えた時に「はね」を意識し身体を反らせる。手はマットにしっかりつけて途中での突き放しは意識せず、最後の反りで身体が起きても、手を残したままにする（勢いがついて手が離れても構わない）。

〈ネックスタンドの練習〉

◆ゆっくりとした前転（台上前転）の要領で腰を高く上げ、体重移動しながら6ブリッジ（ため）を作る。膝を伸ばしたまま大きく体角を開き、背中の反りを意識しながら足を振り出す。足の振り出しによって上体が引っ張られると同時に両手を万歳の形で突き放す。

※はじめの着手位置が舞台の端から離れているとはねた後、腰を打つことがあるので注意する。

（2）跳び箱2連結上を使って

◆舞台上でのネックスタンドができるようになったら、跳び箱上でのネックスタンドの練習を行う。両手は台上前転の時と同様親指を内側に台を挟み込むように着手する。着手位置は奥の跳び箱の後ろ半分を目安にする。

8．跳び箱上でネックスプリングの完成

短い助走で　跳び箱の半分より奥に着手　6ブリッジで「ため」から「はね」へ　やわらかい着地

◆勢いをつけず短い助走で、回転しすぎないようにスピードをコントロールしながら6ブリッジを行う。「ため」をつくって、体角を開きながらタイミングよく「はね」動作に移る。友だち同士ではねのタイミング、手の突き放し、はねた時の腰の位置などを観察し合いアドバイスする。

9．まとめ

　発表会に向けて、これまでグループ学習を通して、できるようになったこと、わかったことを個人の学習ノートの感想から整理し、まとめさせる。発表会では自分が成長したことや上手くなったことを友だちに見てもらい出来具合を評価してもらうようにする。

　発表会の準備はグループごとに行い、グループで進行役、演技の順番など役割を決めて練習する。発表会を自分たちで成功させることで、協力、異質共同による学び合いの意義や価値を理解させたいものである。

　指導時間の関係で発表会の時間が取れない時は、最後の学習時の技の様子を撮影し、技術指導の途中段階で撮影した映像を編集したものと合わせて、クラス全体で個々の成長を見合い評価し合う、映像発表会をすることもできる。

台上ヘッドスプリング

Ⅴ．おわりに
（今後、高学年にむけた発展技）

【台上ヘッドスプリング】

◆台上ヘッドスプリングは、頭の付き方（下図右側）と「ため」の姿勢が、①体角が広く、②背中をまっすぐにする不安定な形（7の形）で、ネックスプリング（6の形）と全く異なるため3点倒立からブリッジ姿勢の練習などをはじめ細かな段階練習が必要である。

頭のつき方　　　　　　　「ため」の姿勢

首はねとび　　頭はねとび

　しかし、ステージ上からの「はね」の練習など、ネックスプリングの練習方法と同じような段階を追ってできるため、ダイナミックな表現技としても、高学年で是非習得させたい技の1つである。

　グループ学習により、友だち同士で学ぶ喜びと互いの成長を体験した子どもたちは、観察ポイントを見る目やアドバイスの方法などもより的確となり、友だち同士で上手くなるグループ学習を進めてくれることだろう。

第2章　小学校中学年体育の授業プラン

鉄棒運動
（連続技つくり）

Ⅰ．教材について

　鉄棒運動は、一本の鉄棒という器械を中心とした空間に、「上がる」「回る」「下りる」など、他の運動では味わうことができない特有のおもしろさがある。子どもたちの単一技の習得の喜び（達成感）を育てていくことは大切だが、それだけにとどまらず、それぞれの技を組み合わせて連続技を創作し、スムーズに、ダイナミックに、美しく、リズミカルに表現することも学習させていきたい。つまり、連続技による空間表現こそが鉄棒運動の本質的なおもしろさなのである（「創作・表現型」の運動）。

　低学年では、逆さ感覚・腕支持感覚・振りの感覚を養う鉄棒遊びやこうもり振り下りを学習し、それらの技を組み合わせ、お話に合わせて連続技を行っていく「お話鉄棒」を学習してきた。

　そして、中学年では、これらの「ぶら下がる技」「下りる技」「振り技」に加え、膝かけ回転系の技などの「上がる技」「回転する技」を含む連続技づくりの学習へと発展させていく。

　特に、基礎技術（技）である膝かけ回転系の技は、中学年までに共通で学習し、必ず習得させたい技である。その理由は、以下のように考えている。

①両手・片足の３点が体を支えるため安全性もあり、安心して運動に取り組むことがで

きる。

②回転運動に必要な振りこみとそれに伴う体幹操作や腕の引きと支え、手首の返しなどの技術的要素を含み、高度な技へ発展させていくことができる。

③回転を運動局面に分けて、技のポイント（回転の仕組みなど）を見つける学習（グループ学習）を組織しやすい。

④習得が容易であり、興味をもって取り組むことができる。

Ⅱ．ねらい

〈わかる〉

・それぞれの技を上手にできるための技術ポイントがわかる。

・スムーズにつながるような連続技の組み合わせの工夫がわかる。

〈できる〉

・こうもり振り下り、膝かけ上がり、後方膝かけ回転などの振りや回転を含んだ技ができる。

・それらの技を含んだ連続技をつくることができる。

〈かかわる〉

・技術ポイントをもとに、グループで協力して友達の運動を観察し、教え合うことができる*。

・発表会に向けクラスで協力して計画し、運営することができる。

鉄棒運動

Ⅲ．学習の全体計画（4年生）

　ここでは、4年生の後方膝かけ回転の学習を中心とした全体計画を示す。学習全体の流れとしては、中心となる単技を分析して練習し、それらを含む連続技づくりを行っていく。なお、3年生では、こうもり振り下りや膝かけ上がりなどの技を習得し、その後は4年生と同様の学習全体の流れとなる。

		学 習 活 動	学 習 内 容
オリエンテーション	1・2	・学習のねらいやグループ学習の方法を知る。 ・3年生までに習得した技の復習をし、技術ポイントを確認する。	**教室で** ・学習への意欲を高め、学習の見通しを持つ。 ・学習計画を知り、学習の進め方を理解する。 ・鉄棒運動に対するそれぞれの思いを交流する。 ・グループを編成する（役割分担などもするとよい）。 **運動場・体育館で** ・場づくり、後片付けの方法、学習ルールを確認する。 ・3年生までに習得した技（こうもり振り下りや膝かけ上がり、逆上がりなど）の復習をする（指導者は復習を通して、技能の実態を把握する）。
単技練習と連続技づくり＊	3・4・5・6・7	・後方膝かけ回転を回転の前半と後半に分け、体の部位に注目して、技術ポイントを考え、グループで協力して学習を進める。 ・後方膝かけ回転を含んだ連続技（低学年で学習した技も含む）を工夫して創作し、表現する。	・後方膝かけ回転を回転の前半と後半に分け、技術ポイントを考える。 ・発見した技術ポイントを習得できているかをグループで友達の動きをチェックするなどして、協力して学習を進める。 ・時間があれば、前方膝かけ回転などの発展技にも取り組む。 ・後方膝かけ回転を含んだ連続技のモデル学習をする。 ・グループで工夫しながら、後方膝かけ回転を含んだ連続技（低学年で学習した技も含む）を創作し、練習する。
発表会とまとめ	8・9・10	・発表会の計画、それに向けた準備をし、自分たちで運営する。 ・単元を通して、学習したことをまとめる。	・発表会の内容や発表の順番、役割分担などを検討する。 ・発表会に向け、創作した連続技を練習する。 ・発表会を自分たちで運営する。 ・単元を終えての感想文を書き、学習したことを交流する（できたこと、わかったこと、グループでの学習のことなど）。

53

IV. 指導上の留意点

1. 補助具について

　こうもり振り下りや膝かけ回転系の技の練習では、膝の裏に痛みを訴える子どもが多い。そこで、補助パッドが、運動器具・用具販売各社から発売されている。以前に比べ安価にはなったが、大量には用意するのは難しい。そのような場合は、ホームセンターなどでパイプカバーを安価で、かつ、大量に入手できる。また、鉄棒に雑巾を巻くだけでも、痛みを和らげることができる。いずれの方法にしても、恐怖感や苦痛を極力感じさせないような配慮が求められる。

【パイプカバーを用いた自作の鉄棒補助パッド（一例）】

※ハサミで既製品と同じ長さ（最大40cm）に切る。既製品と同様に、鉄棒に巻いて使用できる。なお、パイプカバーは、1本（100cm）あたり約150円で販売している。

2. ICT活用について

　近年、タブレットやデジタルカメラなど、教師のみならず、子どもたちも気軽に使えるICT機器が、多くの学校で導入されている。体育におけるICT活用については、多くの運動場面での利用が期待できる。以下のようなメリット、デメリットをふまえた上で使用するのが望ましい。

〈メリット〉
・運動中は見られない自分自身の動作を分析でき、個人の「わかる」「できる」を促すことができる。
・データをグループで共有できるので「かかわり」が生まれ、「わかる」「できる」をさらに深めることもできる。

〈デメリット〉
・ICT活用そのものが「目的」となっていないか。
　例）子どもたちは、決められたときにしか使えない。
・ICT活用により、逆に情報過多になってないか。
　例）撮影した静止画や動画のどこを見ればよいかわからず、動作分析できない。

　いずれにしても、教師による適切な使用判断や教師自身の情報モラルが欠かせない。今後も実践を通して、子どもたちが主体的に学習に生かせる活用方法の検討が必要だろう。

V. 単技の指導ポイントと連続技の例

1. こうもり振り下り

　こうもりの姿勢で脱力できるようになったらこうもり振り下りの練習をする。初めは、こうもり手つき下りで安全に下りられるように指導する。これができるようになったら、徐々に大きな振りができるように練習していく。ある程度、振れるようになったら、「手→足」「手足同時」「手を使わず足で」と段階を追って着地できるように練習する。

鉄棒運動

〈指導ポイント〉
- 鉄棒の真下あたりを強く蹴る。
- 足の振り上げ動作に合わせて、腕を曲げて、鉄棒にへそをつけるように体を引きつけ、膝を抱え込むように頭の後方上に引き上げる。上体は、肩から勢いよく後方に倒す（あごは引いておく）。
- 腰が鉄棒に引っかかったら、足を下に振り下ろしながら手首を返し、上体を起こす。

〈指導ポイント〉
【こうもり手つき下り】
- 前方を向いて、足の裏で着地する。

【こうもり振り下り】
- あごの出し引きで振りを作り、それに手の振りを合わせていく。
- 前に立っている友達の顔が見えたら、鉄棒から足を離す。
- 足を離したら、素早くあごを引き、背中を丸めて膝を胸に引きつけるようにして着地する。

2．逆上がり

逆上がりの指導では、強い腕力が必要であるかのようによく言われるが、むしろ、足抜き回りなどで逆さ感覚や回転感覚、ふとん干し（振り）から手首を返して起き上がる感覚を身に付けることの方が大切である。

また、跳び箱を利用した補助台を使っての練習も効果的で、段階的な練習が可能である（補助台の段は徐々に少なくしていく）。

3．膝かけ上がり

伸ばした足を使い、大きく振る練習や、片足をかけた姿勢から地面を蹴って、鉄棒に乗り上がる練習をするとよい。

〈指導ポイント〉
- 片足をかけ、背中や腕を伸ばす。足で地面を蹴り、あごを開き、脱力して降り下ろす。
- 伸ばしている足を、鉄棒に近づけるようにしてスイングする（2、3回）。
- 振り戻ってきたら、腕で鉄棒を下に押さえつけ、体を鉄棒の上に乗り出すように上がる。

4．後方膝かけ回転

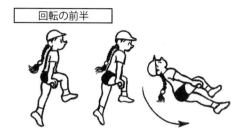

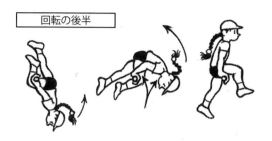

〈指導ポイント〉

【回転の前半】
・かけている足を浮かせ、一気に後方にずらして回転に入る。
・回転に入ったら、あごを開いて空を見るように背中と腕をしっかり伸ばし、斜め後方へ倒れ込んでいく。このとき、伸ばした足は、鉄棒に近づけるようにする方がスイングは安定する。

【回転の後半】
・あごを引いて背中を丸め、腕を曲げると回転力が落ちず、手首を返しやすい。
・伸ばした足は、頭の後方上に振り上げるようにする。
※補助について：補助者は、鉄棒の前横で回転に合わせて肩を支えたり、伸ばした足を鉄棒後方上に押したりするなど、回転の後半部分を助けてあげるとよい。

5．連続技モデル

VI．授業プラン（4年生）

1．第1時：オリエンテーション（教室で）

- これから学習する技の動画などを見せ、子どもたちの学習への意欲を高める。
- 学習計画を子どもたちと確認し、学習の見通しを持たせる。
- 学級内には鉄棒運動が得意な子、不得意な子がいるので、その思いを交流し、クラス全体で共有する（事前にアンケートをとったり、感想文を書かせたりするとよい）。
- 男女混合で、能力が異質な4～5人でグループを編成し（身長差も考慮した方がよい）、役割分担（リーダー、書記など）などを決める。

2．第2時：これまでの復習をしよう

（1）場づくりや学習ルールの確認

本時が鉄棒の初めての授業になる。学習を進めていく上で、例えば、以下に示すことについて、クラス全体で確認しておきたい（学級の実態に応じて設定する）。

> - 鉄棒の下にマットを置くなどの場づくり。
> - 補助具などの教具の使い方。
> - 学習後の後片付けについて。
> - 並び方や友達の演技の見方などの学習ルール。

（2）どんな技ができるか調べる*

これまで学習してきた技（こうもり振り下りや膝かけ上がり、逆上がりなど）の復習をする。ワークシートなどを使い、どのような技ができるかなど、調べながら進めていくと

よい。また、指導者は、この復習を通して、技能の実態を把握し、次時以降の学習計画の参考にするとよい。

3．第3～5時：後方膝かけ回転の秘密を探ろう*

（1）感覚づくりの運動

既習の技や後方膝かけ回転に生かせる技を準備運動として行う。なお、準備運動は、単元全体を通して、毎授業開始時に行う。

> **〈準備運動の例〉**
> - 足ぬき回り（前後）
> - こうもり振り下り
> - つばめ・振り下り
> - ふとん干し・前回り下り
> - 膝かけ姿勢で手たたき3回
> - 膝かけ上がり
> - 逆上がり　　　　　　　　など

（2）後方膝かけ回転の秘密を探る

前記の図のように、1つの回転運動を前半と後半に分け、みんなが上手にできるようになるための技術ポイントを考え、ワークシートに整理していく。なお、技術ポイントがはっきりしないときは、具体的にそのポイントを提示して、確かめるとよい。また、必ず押さえておきたい技術ポイントも同様である。

> **（一例）**
> （スイングの始まりのときに）腕を伸ばしたときと曲げたときでは、どちらの方が勢いがつき、回転しやすいか。

（3）整理したポイントを手がかりに、グループで運動を観察し教え合う

（2）で整理した技術ポイントを手がかりに、グループで練習していく。その際、授業の中で子どもたちワークシートに書き込んだ技術ポイント（言葉）を大切にし、みんなで課題追求できるようにしていきたい。

【ワークシートの一例（吹き出しを用いたワークシート）】

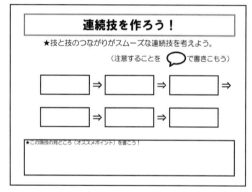

4．第6・7時：連続技をつくろう*

（1）連続技のモデル学習をする

鉄棒遊びや後方膝かけ回転の学習後、連続技のモデル学習をする（前記の連続技の例を参照）。

（2）連続技を創作する

連続技モデルを参考に、自分たちができる「上がる技」「回る技」「下りる技」などのつながりを考え連続技を創作し、練習に取り組む。連続技の学習を進めるにあたり、次のようなルールを確認しておくとよい。

- 技がスムーズにつながるように、組み合わせを工夫する。
- 技の大小の組み合わせやリズムやスピードの変化、方向転換などの工夫をして、変化のある連続技にする。
- 同じ技を使ったり、同じ技を連続して行ったりしてもよい。
- 途中で鉄棒から下りて、技をつなげてもよい（その場合は、演技がスムーズにつながるように工夫する）。
- まだ十分にできない技を行うときは、友達や先生に補助をしてもらってもよい。

また、個人演技でもよいが、ペアやトリオ、グループでなどの集団演技でもかまわない。集団演技は、以下のようなメリットもあり、個人演技以上に様々な工夫を加えられ、連続技の表現を豊かにできる。

- 数名で行うので、楽しく、リラックスして連続技を行うことができる。
- 見栄えを意識して、友達とタイミングや方向に変化をつけるなど、いろいろな演技のバリエーションができる。
- 協力して練習したり、演技をみんなで評価し相談しなければならないので、グループ学習が活発になる。
- 集団演技の成功が、一人での学習（連続技づくり）の意欲や自信の向上につながる。

また、集団演技は、技を互いに見合いなが

ら創作していくので、技の習熟をさらに深めることができる。

5．第8〜10時：発表会をしよう

　発表会は、子どもたちの企画・運営能力を育てる機会として捉えられ、発表会に向け、どのような発表会にしたいのかをクラスで合意形成しながら、発表会に向けて学習を進めていき、子どもたちが意欲的に取り組めるようにしていきたい。

　例えば、リーダーや実行委員を中心に次のようなことについて話し合い、発表会計画を作成していくことが考えられる。

- ・どのような発表会にしていくか（演技発表会、競技会など）。
- ・誰に発表会を見てもらうか（他学年の子どもたち、保護者など）。
- ・発表会の内容やプログラムについて。
- ・発表会での演技の評価、採点基準について。
- ・発表会に向けての役割分担や準備物について。

　ここでは、一例として、発表会形式のプログラムを示す。

- ・初めの挨拶
- ・鉄棒のいろいろな技の紹介
- ・鉄棒運動で学習したことの発表
- ・連続技の演技発表と演技を見ての感想や評価
- ・終わりの挨拶と参観者の感想

※ ICT 活用が効果的な学習活動を、文中では＊で示した。

第2章　小学校中学年体育の授業プラン

陸上運動
（リレー）

Ⅰ. 教材について

　今度の体育の授業がリレーだとわかると、クラスの多くの子が歓声を上げる。そんな中、「えーっ」と声を上げるか、そんな表情をするのは走るのが遅い子どもたちである。リレーは運動会の花形種目であり、足の速い子たちのものというイメージが子どもたちの中に根強くある。それゆえ、足の遅い子は「おまえのせいで負けたんだぞ」とチームメイトに言われるのではないかと不安でいっぱいなのである。

　しかし、リレー学習の中心をバトンパスという技術の発見とその仕組みを学ぶことにしていけば、足の速い遅いに関係なく、どの子もチームが勝つことやタイムを短縮することに貢献できるようになるのである。

　いかにスピードを維持したままバトンを受け渡すかという技術を学び、バトンパスが上手になると、自分（チーム）の出来ぐあいがタイム短縮という目に見えた形ではっきりと実感できるのがこの教材の長所である。ただし、そのためには技術学習が必要である。子どもたちが運動を科学的に見ていくことを知り、どうしたら上手になるかという運動技術を見つけ、それを教え合いや学び合いを通して獲得していくという技術学習を授業の中に仕組んでいく仕掛けをつくることが必要である。そのためには次のようにいくつかのポイントがある。

①一人ひとりが走る距離を短くする。

　一人の走る距離が長くなれば長くなるほど、個人の走力によって結果が左右されてしまう。また、1人が走る距離が100mなどという長い距離にしてしまったら、バトンパスをするときにスピードが落ちてしまってトップスピードでのバトンパスがそもそもできないのである。そこで中学年では40〜50mと走る距離を短くする必要がある。

②レースは2チーム対抗にする。

　運動会などでよく見られるリレーは、4チームによるオープンコース・コーナートップ形式でのリレーが一般的ではないだろうか。多くのチームでレースをすると、次走者がバトンゾーンでコースに立つときに混乱しやすい。バトンパスの技術学習を学び、わかってできたことを生かせるようにするためには、2チーム対抗で行いたい。

　1チームずつのタイムトライアル方式にしないのは、競り合う相手がいることでお互いの力が引き出されるからである。相手チームは敵ではなく、お互い切磋琢磨し合うことで新記録を目指す仲間なのだと捉えさせたい。

③タイムを計測して記録する。

　毎回、タイムを計測して記録する。「レースに勝った、負けた」だけではバトンパスの技能が向上したのかどうかがわからないからである。リレーをするときに、子どもたちがまず考えることは走順である。走順によって勝つこともあるだろうが、タイム短縮はすぐに頭打ちとなる。タイムを計測しておくと、

子どもたちの意識は勝敗にとどまらず、タイム短縮のためにバトンパスの精度を上げることに意識が向いていくのである。

そのタイムトライアルのレースは毎時間の最後に１度きりしかしない。たとえバトンを落としてもやり直しはしない。厳しいようだが、「１度きり」という緊張感を持たせることで真剣味が増すからである。

Ⅱ．ねらい

〈できる〉
・受け手と渡し手が、スピードを落とさずにバトンパスをすることができる。

〈わかる〉
・スピードを落とさずにバトンパスをするには、自分たちに合ったスタートマークを見つけることが必要なことがわかる。

〈学び合う〉
・スピードを落とさずにバトンパスをするために必要なことを友だちの走りを観察して伝え合う。

Ⅲ．レースのやり方

１．グループづくり

教師がグループを決めてしまうのではなく、「どんなグループでリレーの学習をしたい？」と、子どもたちに投げかけることが大切である。自分のことしか考えていない意見が出てくるが、「平等なグループ」「どのグループにも勝つチャンスがある」などの意見も出てくるであろう。個人タイムなどを参考にみんながリレーを楽しめるグループづくりを目指すようにさせたい。

【グループの編成の例】
・実際に走るカーブを含む半周（50m）のタイムを教師が測定する。タイムが同じくらいの子を２人ずつ走らせるとよい。
・グループ全員の個人タイムの合計が均等になるように、男女混合で５〜６名のグループを偶数グループつくる。
・５人グループは２回走る子が必要である。その場合は、グループで一番速い子が２回走るとして、グループタイムを計算する。

２．短距離スピードスケート方式

・コーナーのチェンジポイントで各走者がインコース・アウトコースを入れ替わる。
・第１走者だけはコースの入れ替わりをしないので、スタート位置に距離差を設ける。

【この方式の利点】
☆２グループとも同じ距離を走ることができること（従来のコーナートップ方式だと、先行してインコースをとったグループが走る距離が短く有利になるという難点があった）。
☆セパレートコースを走っている同じことになり、バトンゾーンでの混乱がないこと。
☆第１走者がインコースのグループは、第２、４、６走者はインコースに、第３、５走者はアウトコースに、とスタート前に決まっていること。

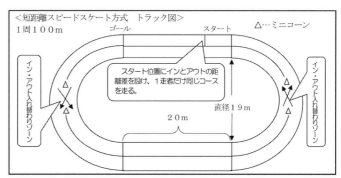

第2章　小学校中学年体育の授業プラン

IV．学習全体計画

	時	ねらい	学習活動
オリエンテーション	1・2・3	・学習の見通しをもつ。 ・グループづくりにおける平等性がわかる。	①学習のめあてをきめ、アンケートをとる。 ②グループづくりについての話し合い（1回目） ③試しのレースを行う。 ④50m走のタイムを計測する。 ⑤グループづくりについて話し合い（2回目） ・タイムが均等になるようなグループ編成をする。 ・係分担をする。 （ゼッケン係・バトン係・ストップウォッチ係など）
スタートマークを見つけよう	4・5	・レースに勝つためにはどうすればよいかを考えて、試す	①練習する前にレースを行い、チームの元タイムを調べる。 ②グループ練習　勝つための作戦や練習計画を考え、試す。 ③学習の最後に1回だけタイムトライアルを行う。
スタートマークを見つけよう	6	・走りながらバトンパスをすると、速くなることがわかる。	走順を変えるだけでは、勝つことはあるかもしれないが、タイム短縮が頭打ちになることに気づかせる。 ①「バトンパス」に着目させ、実験をする。 実験1　「止まったまま」と「走りながら」の比較 実験2　「後ろを向いて」と「前を向いて」の比較 ②グループごとに試してみる。 ③学習の最後に1回だけタイムトライアルを行う。
スタートマークを見つけよう	7	・スタートマークを発見する。	①スタートマーク鬼ごっこを行う。 ②スタートマークを見つけたグループは、バトンを使って練習する。 ③学習の最後に1回だけタイムトライアルを行う。
バトンパスの習熟	8・9・10・11・12	・受け手と渡し手が、スピードを落とさずにバトンパスをすることができる。	①トラックコースでのバトンパス練習。 ・スタートマークの調整 ・渡し手の「ハイ」のかけ声 ・受け手の後ろに伸ばす腕の角度や向きの調整 ☆バトンパスの上達具合の目安とするため、バトンパス練習の部分だけのタイムを計測する。 ②学習の最後に1回だけタイムトライアルを行う。
記録会	13	・リレー大会の計画・運営ができる。	①戦グループやレースの順番をグループリーダーが中心になって話し合い、決定する。 ②グループ練習を行う。 ③リレー大会を行う。

陸上運動（リレー）

Ⅴ．授業の流れ

1．第1回目の授業例：グループづくりの話し合い（1回目）

（1）本時のねらい

話し合いによってリレーのグループを決めることができる。

（2）本時の流れ

①今までの経験からリレーで楽しかったことやいやだったことを書いたアンケートをもとに、どのようなグループにしたらよいか話し合う。「勝てる」チャンスがあるからこそリレーが楽しめることを共通理解して、グループ分けを自分たちだけで行うことを知らせる。

②自分たちで5〜6人のグループをつくる。できるだけ足の速い子と同じグループになろうとしたり、仲良しの子と同じグループになろうとしたりして、不均等なグループになっていることがほとんどである。

③自分たちで行ったグループ分けについてどう思うか、意見交流をする。

中学年の子どもたちは、均等なグループ分けをした方がよいことはわかっていても、記録という客観的な事実に基づかないでグループ分けをしてしまう。できた後、イメージだけで「あのグループは○○ちゃんがいるから速い」とうらやましがったり、「絶対勝てないよ」と不満を言い出したりするようになる。

この時間では自分たちで話し合ってグループ分けができたことを評価しておき、次回、試しのレースをすることを伝える。この時間のグループ分けは決定ではなく、「試しのレースをやってみて考えよう」と話しておく。

2．第2回目の授業例：試しのレース

（1）本時のねらい

自分たちだけで決めたグループでリレーを行い、どのチームにも「勝てる」チャンスがあるのか、確かめさせる。

（2）本時の流れ

①全員、左手でバトンを持ち、次走者の右手に渡す。右手で受け取ったら、左手に持ち替える。

②レースを行うトラックの走り方の説明を聞き、ゆっくり走って、コーナーでコースが入れ替わることを確認する。

③走る順番を決めて、試しのレースを行う。

④対戦して、勝敗やタイムを模造紙に記録する。

⑤3〜4レース行う。

⑥教室に戻って、感想を書く。感想を読みあったり、発表し合ったりして、どうするか話し合う。

【話し合いのポイント】

不均等なグループ分けになっているため、一度も勝てなかったグループがいるはずである。ここでは負けてばかりのグループの不満をみんなで聞くことが大切である。

また、勝ってばかりのグループの中には「差がつき過ぎて勝っても面白くない」といった意見が出てくることも予想される。意見交流をしながら、改めて「均等なグループの分け方」について考えさせる。足が速さをイメージではなく、タイムという事実でつかむこと、個人タイムの合計で走力の差の少ないグループ分けができることに気づかせたい。

63

3．第6回目の授業例：バトンパスの秘密をさぐる（1回目）

（1）本時のねらい
走りながらバトンパスをすると、速くなることがわかる。

（2）本時の流れ
4、5時間目のタイムトライアルレースを振り返らせ、まったく勝てなかったり、勝ってもタイムが縮まらなかったりする原因を話し合わせる。

【話し合いのポイント】

走順を変えることがタイム短縮につながらないことに気づかせ、他にタイムを縮められるところがないか考えさせる。

「バトンパスがうまくいかないときがあった」
「バトンパスのときにリードしなかったからだよ」

子どもたちの発言からバトンパスのときの改善点をまとめる。

・止まっている→リードする
・体を後ろに向けてもらう→、体を前に向けてもらう

子どもたちは、止まったままバトンをもらうのは遅いだろうということにはすぐ気がつく。それをタイムという数値でどのくらい違うのか確かめる。イメージではなく、客観的な数値で比較させるという学び方を体験させておくことが大切である。

また、リードすることがいいとは思っているものの、その時の体の向きについて子どもたちは着目していないことが多い。実験2では、バトンパスのときのからだの向きによって、どのくらいタイムの違うのかを気がつかせていきたい。

実験1
「止まったままバトンをもらう」と「走りながらバトンをもらう」では、どちらが速い？

実験2
「後ろを向いてゆっくりバトンをもらう」と「前を向いて全力で走りながらバトンをもらう」では、どちらが速い？

実験によって、「走りながらバトンをもらう」方や「体を前に向けたままバトンをもらう」方が速いことがタイムという数値で明らかになる。この結果から、次時からはタイムを短縮するために走順よりもバトンパスのやり方を変えていくことに気づかせる。

陸上運動（リレー）

4．第7回目の授業例：バトンパスの秘密をさぐる（2回目）

（1）本時のねらい
鬼ごっこを通して、受け手が走り出す地点を（スタートマーク地点）を発見する。

（2）本時の流れ
①直線での鬼ごっこを行う。
【鬼ごっこのルール】
・リレーの固定したペア（第1走と第2走、第2走と第3走など）で行う。
・B（鬼）はテイクオーバーゾーン手前20mからスタートして、全力で走る。
・Bがゾーンから1mのライン（コーンの位置）に来たら、Aは逃げる。
・テイクオーバーゾーンの中で、背中をタッチできたら鬼の勝ち。タッチできなかったら鬼の負けになる。
・背中をタッチされたら、次対戦では2mのところに来たらAは逃げるようにする。

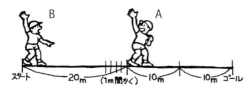

②スタートマークを発見する。
2、3mから逃げても、たいてい鬼にタッチされてしまう。そこで、1mずつスタートの目印となるポイントを遠ざけていく。やがて逃げ切れるか、追いつかれるかぎりぎりの場面が出てくる。ぎりぎりでタッチされるポイントを「スタートマーク」地点（次走者が走り出す地点）とする。
※スタートマーク地点が何メートル離れたところだったか記録しておく。
③タイムトライアルを行い、記録をとる。

5．第8回目の授業例：スタートマーク探し

（1）本時のねらい
バトンパスをするペア（例えば、第1走者と第2走者）でスタートマークをさがす。

（2）本時の流れ
①第1走者と第2走者のペアからスタートマーク探しを行う。
②第1走者は本番の時と同じように全力で走る。
③第2走者は、スタートマークをしっかり見て、第1走者がそこに来た時に走り出す。
④バトンパスの様子を見ていた子たちからどうだったかを言ってもらう。
⑤その後、順番にバトンパスをするペアごとにスタートマーク探しを行う。
⑥最後にタイムトライアルを行い、記録をとる。

バトンパスの様相は、大きく分けると次の3パターンに分けられるので、その結果から次のスタートマーク地点の修正を考えさせる。

A 渡し手が受け手にぶつかりそうになる。または、近すぎる。
→スタートマークが近いので、遠くする。
B 渡し手が伸ばした手に受け手からピタッとバトンが渡される。
→スタートマークがちょうど良い。
C 受け手がスピードを落として調整する、または受け手にバトンが渡せない。
→スタートマークが遠いので、近くする。

【スタートマークの記録】
受け手が立つラインのところからスタートマークまでの距離を自分の足で測る。

65

5. 第10〜12回目の授業例：コンビネーションの習熟

（1）本時のねらい

前回のタイムトライアルの結果やペアごとのバトンパスの様子から、グループやペアの課題を見つける。

バトンパスの直したらよいところを教え合って、バトンパスの精度を上げる。

（2）本時の流れ

①第1走者と第2走者のペアから始め、バトンパスの修正ポイントを探す。

【修正ポイント】
・スタートマークの位置は合っているか？
・受け手のスタートするタイミングが遅れていないか？
・受け手が全力でスタートを切っているか？
・渡し手がバトンを持った手を伸ばしたまま走っていないか？
・受け手が後ろを見たまま走っていないか？
・渡し手が「ハイ」と言ってからバトンを渡すタイミングはそれでよいか？
・受け手が伸ばした手の位置の高さは低すぎないか？

②ペアのバトンパスのスタート地点とゴール地点間のタイムを計測して、ペアの上達を数値で評価し合う。

③タイムトライアルを行い、記録をとる。

毎時間のタイムトライアルの結果を下の表のように模造紙に書いて、教室に掲示しておく。自分たちの学習の成果が一目でわかるため、子どもたちのやる気も高まる。

他のグループと比較するより、自分たちのチームの新記録をめざすようになっていく。

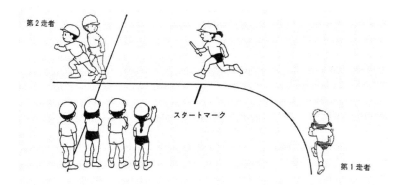

【タイムトライアル一覧表】

	1回目	2回目	3回目	4回目	5回目	6回目	7回目	8回目
青	57.7	☆55.1	56.2	☆54.8	55.6	55.3	☆54.5	☆54.3
水色	58.4	☆57.2	☆56.7	☆55.6	☆55.6	☆54.8	☆54.7	55.2
赤	58.0	☆57.3	57.4	☆56.6	☆56.1	☆55.7	(54.9)	☆52.8
黒	58.3	☆57.7	59.9	▼65.0	☆56.7	☆54.9	☆54.2	54.3
緑	58.4	☆57.2	57.5	☆55.7	56.4	56.0	☆55.0	☆54.4
黄色	57.7	☆56.5	(56.8)	☆55.6	☆55.3	☆54.7	☆54.2	☆53.4

☆印は記録を更新したとき　▼印はバトンを落としたとき
（　）のタイムは、グループ内のお休みか見学したときのタイム

陸上運動（リレー）

7. 第13回目の授業例：記録会とまとめ

（1）本時のねらい

これまで学習してきたことの成果を記録会で確かめる。

（2）本時の流れ

①リレー大会のプログラムに沿って、記録会を行う。（校庭）

②リレーの学習を振り返る。（教室）

【指導のポイント】

記録会は、タイムを計って終わりにするのではなく、対戦するグループの決め方や、レース順をどうするかという事前準備から、当日の運営まで子どもたちに委ねて進めていきたい。

学年全体で同じようにリレーの学習に取り組んでいれば、クラス対抗での記録会を行うのも面白い。記録会という特別な場でのレースでは、グループの新記録が期待できる。

記録会を行うにあたって、プログラム作成係、準備係、司会進行係、表彰状作成係など、クラス全員で何かの役割を分担することで、大会を自分たちで運営したという達成感を味わわせたい。

教室では、チームの伸びをタイムだけでなく、長さに換算してみるとより実感できる。

最後に、リレーの学習で学んだことを振り返り、感想を書かせる。次のような視点をもたせて振り返らせるとよい。

・グループ作りをするときに考えなければいけないこと。

・スタートマークの必要性。

・受け手が気をつけなければいけないこと。

・渡し手が気をつけなければいけないこと。

Ⅵ．評価

〈できる〉

【渡し手】

・テイクオーバーゾーンでもスピードを落とさない。

・バトンを渡す時に「ハイ」とはっきりと声かけができる。

・バトンを持った手を伸ばしたまま走らず、タイミングを見計らって渡すことができる。

【受け手】

・渡し手がスタートマーク地点に来たら、すぐに走り出すことができる。

・テイクオーバーゾーンでトップスピード近くになるように走り出すことができる。

・体を前に向けたままバトンをもらうことができる。

〈わかる〉

・スタートマークを見つけることで、スピードを落とさずにバトンパスができることがわかる。

・ちょうどよいスタートマーク地点の探し方がわかる。

・バトンパスが上手くいかなかった原因がわかる。

〈学び合う〉

・友達のバトンパスの仕方を観察し、記録向上のためのアドバイスができる。

・みんながリレーを楽しむためには、グループの力の差ができるだけ小さいことがわかり、そのためにはタイムという客観的なものに基づきチームづくりができる。

67

第2章　小学校中学年体育の授業プラン

陸上運動
（走運動から跳運動へ）

Ⅰ．教材について

　走り幅跳びのおもしろさ（もち味）は、助走のスピードと踏み切りをうまくコントロールして支配し、遠くまで跳ぶところにある。つまり、その特質（その運動や教材にある独自のおもしろさ）を一言で表すと「踏み切り支配による跳躍距離」と言える。また、走り幅跳びは助走→踏み切り→空中姿勢→着地という一連の運動様式から成り立つが、跳躍距離は踏み切った瞬間にほとんど決定される。そのため、助走スピードと飛距離の関係は大きい。よって、助走スピードを高め、そのスピードを効率よくコントロールしながら踏み切り技術に生かし、空中動作につなげていく指導が最も重要になると考えられる。

　ところが、中学年では、自分の身体をほんの一瞬の間に遠くへ跳躍させ、遠くへ跳んだという実感を味わすことはなかなかむずかしい。そこで、後述するように、中学年の発達的特徴を生かした教材づくり、授業づくりを試み、高学年につなげていこうと考えた。

Ⅱ．走り幅跳びのねらい

〈できる〉
・リラックスして、リズムよく助走したスピードを生かして踏み切り、遠くへとぶ
〈わかる〉
・助走からのスピードをうまくコントロール

して、踏み切りに生かしていくことの大切さがわかる
〈学び合う〉
・お互いの跳び方を観察し合い、発見したりして、学んだことを伝え合う。

Ⅲ．学習の進め方

　中学年になるとだんだんと抽象的な思考が可能となってくるとは言っても、まだまだ具体的な体験を豊富に盛り込んだ教材が必要である。この頃は、熱中体験や探検心溢れる時期なので、ものを跳び越すスリル感やリズムよく走っていく気持ちよさを味わわしていくようにしたい。

　そこで、子どもたちの学習意欲を喚起させるために、走運動から走り幅跳びへ必要な力を盛り込んだ子どもにとっておもしろ味がある教材から始めていくことにする。そして、その教材と学習内容を次のように設定した。

①40ｍ走とミニハードル走
「4歩のリズム」の定着をはかり、速い走りより、うまい走りをめざす。走のリズムを生かして気持ちよく安定して走れるようになることは、走り幅跳びの助走局面の走りにつなげていく上で大切である。
②ダンボール箱とびⅠ・Ⅱ
　このダンボール箱とびは、リラックスして踏切動作が練習でき、その踏み切りに入るリズムやタイミング、着地の仕方等が楽しんで、まるごと体感できる教材である。跳躍距離を

陸上運動（走運動から跳運動へ）

調節するコーディネーションの力が培えるよさがある。着地をねらってコントロールして跳ぶ（Ⅰ）から、もっと跳んでみたいという「マックス跳び」（Ⅱ）へ移っていく。

③走り幅跳びへ

　助走局面の走リズムの獲得を生かして、踏み切り準備局面でのリズムを変換できる力を

つける。

　助走局面でスピードを上げておいて、最後の4歩はやや短めのストライドでピッチを上げるリズム変換に挑戦する。実験的に、カール・ルイス型とマイク・パウエル型で試してみる。

Ⅳ．学習の全体計画

全14時間（教室2時間、グラウンド12時間）

時	ね　ら　い	内　　　　　　　容
1	オリエンテーション（教室） ・学習のねらいと見通しができる	①学習のねらいの合意づくり ②グループづくり（班編成）を大まかな全体計画を確かめ、学習の見通しをつくる ③40m走の測定の仕方と最高スピード時の1歩のストライド等を予測する
2	・40m走の測定をする（タイム、ストライド、歩数）	①測定し結果を表にまとめて、予想と比較する（タイム、最高スピード時のストライド・スタートからゴールまでの歩数）＊身長とストライドとの比較もする
3〜4	・40m走を4歩のリズムで気持ちよく走る ・慣れてきたら徐々にスピードに乗ってリズムよく走る	①自分に合ったコースを選択し（インターバル4m、4.5m、5m、5.5m、6mの5コース）4歩のリズム走（線踏み走）をする ②（右、左、右、左の2サイクルのリズムを獲得する）
5〜6	・40mミニハードル走を4歩のリズムで気持ちよく走る ・リラックスしてスピードに乗った安定した走を身に着ける	①自分に合ったコースを選択し、5台のミニハードル走（20cm程度）をする
7〜9	・「ダンボール箱とび」Ⅰ ・ダンボールを跳ぶ気持ちよさとともに、着地の仕方を学ぶ ・ダンボール箱とび」Ⅱ ・どうしたら、最大の箱が跳べるかチャレンジする ・もっとよく跳べるための課題をさぐる（教室）	・リラックスしたリズムのある助走でダンボール箱を跳び越す。その後、ダンボール箱1つ、2つ、3つ…コースを設定し、跳ぶコースを自分で選択し跳び越して両足着地する。着地点は安全な砂場にする。利き足はどちらか ・一人ひとりがダンボール箱のマックスにチャレンジする。一人ひとりがiPadで映像をとる ・さらに、跳べるようにするには、どのようなことが課題となるかを探し出す【助走スピード、踏切手前のリズム変換、空中姿勢、着地など】 ・助走のスピードを踏切に生かしてジャンプしてどのようにして、遠くに跳べばよいのか

69

10〜13	・走り幅とび ・助走のスピードを踏切に生かしてジャンプして、遠くに跳べるようになる	① 40m走やミニハードル走で獲得した走リズムで助走をして踏み切って軽くジャンプする練習を中心に行う（踏切線の意識、ケンパーリングを置く） ②①の練習が習熟したら、助走から着地までの一連の動作をして、練習する
14	・「走り幅跳び研究発表会」をする（教室）	・まとめをする（記録ののびについて、走り幅跳びをして学んだこと）

Ⅴ．授業の流れ（4年生）

1．第1・2回目：オリエンテーションと40m測定

（1）ねらい
　学習の見通しができるなかで、やってみようとする学習意欲を喚起し、実際に測定し、予想と比較する。

（2）授業の流れ
- 40mの自分のタイム、40mを走った時の歩数や最高スピード時の一歩のストライドの長さについて予想する。
- 実際に計ってみようと呼びかけ、測定方法を提示する。
- グループ（班）づくりをする。
- 実際に測定してみる。
- 教室にもどって、40mのタイム、一歩のストライドの長さ、一歩のストライド×4歩分を一覧表にする。（これから学習をしていってどれだけ伸びたかを見る基礎データを使う。一歩の平均ストライドは40m÷歩数でみることができる。

2．第3・4回目：4歩のリズム走（線踏み走）

（1）ねらい
　40m走を4歩のリズムでリラックスして、ゆっくり気持ちよく走り、慣れてきたらスピードに乗ってリズムよく走る。初めのタイムより速くなろう（全力での速い走りというよりリズムのあるうまい走りをめざそう）と呼びかける。

（2）授業の流れ
　1・2・3・4、1・2・3・4…のリズムで自分が選択したコースで、4つのインターバルを走る練習をする。はじめは、線が気になってリズムが遅くなり、視線も下がって走る傾向が見られるが、だんだん慣れてくるとルックアップして線を気にしないで走るようになる。リズムを速くするには、腕の振りをリラックスして速く動くようにすると、足の動きも速くなってくる（意識焦点と動作焦点の関係）。遠くから見させてみんなでリズムを刻み合うのも一つの方法である。

3．第5・6回目の授業：ミニハードル走

（1）ねらい
　40mミニハードル走を4歩のリズムでリラックスして気持ちよく走る。できるようになってきたら、リラックスしてスピードに乗った安定した「走リズム」を身につける。

陸上運動（走運動から跳運動へ）

（2）授業の流れ
- 指導方法は40m走とほぼ同じ。
- 時数や既得学習の関係で、省くことも考えられる。ハードルの高さは約20cm程度が最適。
- 初めのフラット走のタイム、最後のフラット走のタイム、最後のミニハードル走のタイムを記録しておき、その伸びのわけについてみんなで考える。

たまねぎダンボール（厚め）
たて30cm、横45cm、高さ30cmを使用

※横に並べたり、縦に積んだりして目的に応じて使う。子どもの体格に応じて使う。

小道具（その1）ケンパーリング
ポリエチレン製（市販）

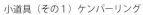

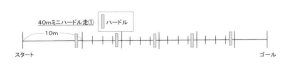

ミニハードル走

4．第7・8・9回目の授業：ダンボール箱とびⅠ・Ⅱ

　このダンボール箱とびは、リラックスして踏み切り動作が練習でき、その踏み切りに入るリズムやタイミングが楽しんでできる教材である。助走→踏み切り→空中姿勢→着地の一連の動きをコーディネーションできる力が培えるよさがある。

（1）ねらい
　助走から箱という具体物を跳び越して跳ぶ気持ちよさを味わい、両足着地の仕方を学ぶ。

（2）指導の流れ
①助走→片足踏切→跳び越し→両足着地の一連の動きが獲得できるようになるために、みんなが跳べる程度の箱の高さと長さを設定する。両足着地がむずかしい子には、砂場の着地位置にケンパーリングを置いてもよい。

②次に、下図の写真のように、ダンボール箱を2つつなぎ、3つつなぎ…といった場のコースを設定し、自分の力にあった場を選んでいきながら、マックスへと並べていく子が増えてくる。もっとたくさん跳び越したいという学習意欲の喚起につなげていく。

ダンボール箱とび

③①～②の反復学習の流れの中で、ほとんどの子が自分のマックスの記録を伸ばそうとする。その中で、「助走、踏み切り、空中動作、着地」などについて自然と工夫していく姿がみられる。（映像もとっておく）そこで、この時間は教室で、もっと跳べるようになるための課題を出し合い、課題を整理しておいて次の走り幅跳びに移る。

5．第10回目の授業：走り幅跳びⅠ

助走のスピードを踏切に生かしてジャンプして、遠くに跳べるようになる。

ここでのねらいと授業の流れのイメージを提起しておく。

（1）ねらい

40m走やミニハードル走で獲得した走リズムで助走をして踏み切って軽くジャンプする練習を中心に行う（踏切線の意識、ケンパーリングを置く）。

①の練習が習熟したら、助走から着地までの一連の動作をして、練習する。

例：2サイクル（40mの1.2.3.4）インターバル 150cm×4＝6m、140cm×4＝5m 60cmなど。

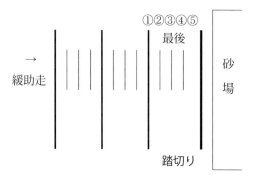

◆緩助走＋6m×3＝インターバル18mが目安。

◆場所にもよるが、いくつかのコースを用意して行う。（40走のリズムとインターバル）
⇔ 40m、ミニハードル走の走リズムを助走に生かすことがポイント

6．第11・12回目の授業：走り幅跳びⅡ

一連の動作ができると、跳んでみて記録をとる（踏切線は引くが、ケンパーリングもおいて記録は実測とする）。続いて残った時間で、最後のサイクル（踏切前の4歩）のリズムの獲得を重点において練習する。緩助走からの助走局面は、スピードを得るための助走空間であり、最後の4歩は、「ふみきり準備空間」なので、この空間をどういうリズムで踏切支配していくかが重要となる。この「ふみきり準備空間」を0.5mから1m程度を目安として、ピッチのリズムが作られやすいようにしてみる。リズムの獲得が優先なのでケンパーリングをおいてみて、最後の4歩のリズム（①タ②タ③タ④タ⑤ターン）のリズムを獲得していく。最後のリズムを作りやすいように図のように試験的に2つのパターンを実際にやってみようと提起した。

①カール・ルイス型（①タ②タ③タ④タ⑤ターン）

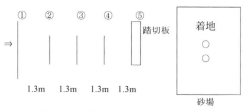

*4歩間が全部　等間隔

②マイク・パウエル型（①タ②タ③タ④⑤タタターン）

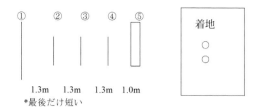

*最後だけ短い

陸上運動（走運動から跳運動へ）

ケンパーリングを置くと、目線が下がり、踏切前のスピードがどうしても落ちがちになる。助走のスピードと踏み切りという矛盾する行為【リズム変換】が必要となるので、ここの習熟にたっぷり時間をかける。ある程度慣れてきたら、無理にケンパーリングに足を入れてリズムを取ろうとせずに、ルックアップして、跳ぶように指示する。まだ、中学年なので、ケンパーリングを置いたままで行う（高学年になると、リズムが獲得できたら取り除いていくようにする）。

7．13回目の授業：走り幅跳びⅢ

助走のスピードを生かしたリズムを踏み切り準備局面で変換してより遠くへ跳べる。

着地の指導⇔一連の動作がスムーズにできるようになり、スピードにのってくる走り幅跳びができてくると、跳んでくる正面から見て、「足の裏を見せてみよう」という指導は有効である。その指示によって、着地時に足が前にのびて飛距離の増加につながる。

踏み切った時から高さを出して跳ぶためには、具体物（ダンボール箱）を置いたり、目標物に向かって跳ぶ指導が有効である（前方上方にある目標物）。

8．第14回目の授業：走り幅跳びⅣ

走り幅跳びの記録の「のび」について考えてみよう。

◆なぜ、記録がのびたのだろうか。

ビデオを見る・この学習をふり返って（作文）・グループで話し合う。

児童の作文には、「今まで走り幅跳びはやりまくって記録を伸ばすものだと思っていたが、いろいろ工夫してとぶと記録がのびるものだと思った」とか「助走局面をどう踏み切り局面につなげるかが大切とわかった」などが見られた。

【実践を行うにあたって留意したいこと】

①動作の系統性の発達として走り幅跳びの前段階の既得学習として、片足跳び、両足跳び、ケンパ跳び、スキップ、ギャロップ、そしてリズム走や障害走の学習経験があることが大切である。

②ここで紹介した助走のリズムを踏切支配のリズムに変換していく実践は、高学年でも十分通用していく方法である。ぜひ、挑戦してほしい。ちなみに、カール・ルイス型とマイク・パウエル型の両方を私の実践では試みたが、子どもたちはマイク・パウエル型の方が跳びやすいという子が多かった（子どもたちが主体的にいろいろなケンパーリングの置き方を考えて、試してみることによって学習意欲が喚起される）。もっと多くの実践が試みられることを期待したい。

③踏み切り線は、一つの仕切り線に向かって全力を傾けて踏み切り、一瞬にして跳ぶという行為を引き出す大切な線である。しかし、小学校低・中学年の児童にとっては、まだむずかしいものなので、踏み切りゾーンを設け、実測で計った。

第2章　小学校中学年体育の授業プラン

浮く・泳ぐ運動

Ｉ．教材について

　戦後、各学校にプールが設置されるようになってから水泳指導が広まり、「面かぶりクロールからクロールへ」という指導が定着するようになった。一般的に行われているこの指導では、「バタ足で進むこと」がまず一番に教えられ、それから「腕のかき」が加わり、最後に「呼吸（息つぎ）」が教えられる。

　しかし、泳ぎの苦手な子、初心者にとって一番のつまずきは、「呼吸（息つぎ）」である。「面かぶりクロールからクロールへ」という指導では、一番のつまずきを最後に指導することになるため、面かぶりクロールでは上手に泳げるのに、息つぎを入れたとたんに泳ぎが崩れて泳げなくなる子が出てきてしまう。

　それに対して、「ドル平泳法」（以下ドル平）は、初心者のつまずきが「呼吸（息つぎ）」にあることに着目して、「呼吸」「リラックスした浮き」を重視して作り出された泳法であり、指導法である。片手片足で交互に動かす動きよりも初心者には、両手両足を同時に動かす方がやりやすいことから、腕のかきが平泳ぎに似ていて、キックはドルフィンキックをすることから、指導された子どもたちにより、「ドル平」という名前が付けられたものである。息つぎのやり方としては、「水中では息を止めて、顔を上げた時にまとめてはいて、まとめて吸う」というやり方をする。水中では肺に息をためておく方が比重の関係で

体は浮きやすくなることと、肺の呼吸筋の性質で「短い時間にパッとまとめてはけば、短い時間でまとめて吸える」ということからこういうやり方をする。また、動作をゆっくりとやることを通して「リラックスした泳ぎ」になり、クロールや平泳ぎなどの近代泳法を指導する時にもそれが生かされる。

　このように、水泳指導で大切にしなければならない「呼吸」と「リラックス」がドル平指導の中で身につくので、ドル平を基礎泳法と位置付けて水泳指導を行っている。

ＩＩ．学習の進め方

１．わかる・できる授業を

　水泳の授業は、一般的には「泳げるようにする」ことをねらって、能力別に練習するような授業が行われがちである。そのような授業では、教師の指示や学習資料などをもとにして「練習」することが学習内容となり、「なぜその練習をするのか」「なぜ泳げるようになるのか」などを考えることなく、「できる」ことだけを追求している場合が多い。

　小学校中学年の子どもたちは、運動が「できるようになる」ことに大きな喜びを感じると同時に、「なぜそうなるのか」を考え、友だちの泳ぎを客観的に観察できるようになってくる時期でもある。どうすれば泳げるようになるのかが「わかる」ことは大切にしなければならない。そのためには、できぐあいの違う友だちの泳ぎを観察し合うことが有効

74

で、自分が見て感じたこと、わかったことを伝え合い、教え合うことは子どもたちの「できぐあい」を高めることにもなり、とても大切なことになる。

そのためには、できぐあいの違う子どもたち同士でグループを作り学習する「異質協同のグループ学習」で授業を進めることにしている。バラバラではない、子どもたち同士がつながり合う授業づくりをめざしている。

２．異質協同のグループ学習

「異質協同のグループ学習」とは、次のような学習をイメージしている。

①実験を通した学習

単なる習熟練習を重ねるのではなく、グループで子どもたちが実験を通して、技術認識を高める学習である。

「スーパーマン浮きとがっくり浮きでは、どちらが浮きやすいか」など二つの浮き方をやってみて観察をし、どんな浮き方が浮きやすいのかを考えるような学習を仕組んでいくことで子どもたちの「わかる」（技術認識）が高まり、そのことが「できる」（技能習熟）を高めることにつながっていく。

実験をする中で、できぐあいのちがう子どもたちが友だちの様子を見ながら考えを交流することで、いろいろな気づきが出されて学習を深めることができる。

②ペア、トリオ、グループでの習熟練習

実験を通してわかったことを実際に練習する習熟の時間が必要である。この練習の時に、一人で練習していてはなかなかうまくならない子どもたちが出てくる。それでペアやトリオなどグループで友だちの泳ぎを観察し合い、気づきなどを伝えたり、改善した方が良いところを教え合ったりしながら習熟練習

をしていく。自分の泳ぎは自分では見えないし、どう動いているのかも分からないことが多い。子どもたち同士の教え合いは、「できる」ためには大変有効であるし、教え合いを通して「わかる」技術認識も高まっていく。

Ⅲ．中学年の水泳のねらい

１．３年生

〈できる〉

・あごを引いたガックリ浮きとあごを出したスーパーマン浮きを意識してできる。

・ふし浮きから呼吸をするふし浮き呼吸を連続してできる。

・ドル平でゆっくりと泳ぐことができる。

〈わかる〉

・あごの出し入れで体が浮いたり、沈んだりすることがわかる。

・泳ぐためには、「息つぎ」や「リラックス」が大事だということがわかる。

〈学び合い〉

・ペアや３～５人のグループで、友だちの泳ぎを観察したり、体の動きや様子を伝え合ったりすることができる。

２．４年生

〈できる〉

・ドル平でゆっくりと長い距離を泳ぐことができる。

・ドル平の形を変えて、クロール型の泳ぎや平泳ぎ型の泳ぎなどで泳ぐことができる。

〈わかる〉

・より楽なドル平の泳ぎ方がわかる。

・あごや腕、足の動きで泳ぎ方が変わることがわかる。

〈学び合い〉

第2章　小学校中学年体育の授業プラン

・ペアや3〜5人のグループで、友だちの泳ぎを観察したり、体の動きや様子を伝え合ったりしてよりよい泳ぎについて考えることができる。

IV．全体の流れ

　低学年で、水慣れ、水遊びを行い、3年生から直接的に「浮く」「泳ぐ」をねらいとした学習を行うと考えている。3年生で、リラックスして浮くこと、浮いてからの息つぎ、伏し浮き呼吸など「浮くこと」と「息つぎ」を合わせて学習し、ドル平で泳ぐようになる。

　4年生では、ドル平の「リラックス」と「呼吸の確保」を生かして、近代泳法につながるような泳ぎ方の変化を「ドル平のバリエーション」という形でやっていく。泳ぎの形が変わっても、ドル平で学んだことが生かされることを大事にしていきたい。

ドル平泳法の指導手順

浮く
あごを引いて浮くことで、体は浮いてくること、逆にあごを出すと沈んでしまうことを体感させる。がっくり浮きとスーパーマン浮きの対比。

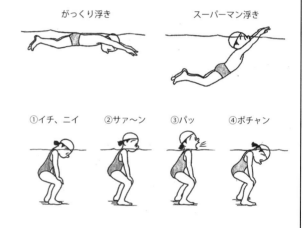

息つぎ（呼吸）
水中で息を止めて、ゆっくり顔を前に上げて、水面から口が出たところで「パッ」とまとめてはく。リズムは「イチ、ニ、サ〜ン、パッ」ペアで声をかけながら練習する。

伏し浮き呼吸
伏し浮きの状態から、息つぎの「パッ」をする。その後、体が沈むがあごを引き、がっくり浮きの姿勢になると浮いてくる。ペアで背中が浮いたらタッチして合図をし、合図があったら息つぎをして、連続でやってみる。

ドル平
伏し浮き呼吸から、沈み込む足を浮き上がらせるためにドルフィンキックをする。
リズムは、「のびて〜、パッ、ト〜ン、ト〜ン」

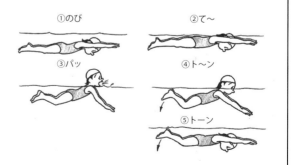

Ⅴ．学習の全体計画

【3年生】

	ねらい	学習内容
第一次 浮く	○どうすれば浮きやすいかわかりできる。 あごを引くと浮きやすく、出すと浮きにくいことがわかりできる。 あごを引くことで泳ぎに大切なリラックスもしやすくなる。 ○いろいろな浮き方ができる。 ○変身浮きができる。	○「スーパーマン浮き」と「がっくり浮き」では、どちらが浮きやすいかを実験してみる。 背中が浮くのはどちらか。（がっくり浮き） ○ダルマ浮き、クラゲ浮き、大の字浮きなど、いろいろな浮き方をやってみる。 ○グループで浮き方を考え発明浮きとして発表する ○いろいろな浮き方をつなげて変身浮きをする。 （例）ダルマ浮き→クラゲ浮き→大の字浮き
第二次 息つぎ	○まとめてはいて（パッ）、まとめて吸う息つぎの仕方がわかりできる。 ①イチ、ニイ　②サァ～ン　③パッ　④ポチャン	○息を止めてまとめて「パッ」とはき、まとめて息を吸うやり方を水に入る前に練習する。 ○水に顔をつけて、水から顔を出したら「パッ」とする息つぎを練習する。 　口までつけて→鼻まで→目まで→頭まで ○四股立ちで腕を前に出し、腕で水を押さえるように下げながら顔を上げて息つぎをする。 ○歩きながら息つぎ→少しずつ水に体を預けるように浮きを感じながら息つぎをする。
第三次 ふし浮き呼吸	○ふし浮きから息つぎをして、沈み込んだ後に浮いてくるまで待つことができる。（ふし浮き呼吸） 　あごを引くことで浮いてくることがわかりできる。 ○ふし浮き呼吸を連続でできる。	○ふし浮きで背中が浮いたら息つぎをして、浮くまで待つ。（ふし浮き呼吸） ○ふし浮き呼吸の連続をする。（5～10回） ①イチ・ニイ　②サァ～ン　③パッ ④ポチャン　①～④を繰り返す 背中が浮いてくるまで待つ
第四次 ドル平	○ドル平で25m泳げる。 ○呼吸、リラックスなどのドル平のポイントがわかる。	○「のびて～、パッ、ト～ン、ト～ン」のリズムでドル平を泳ぐ。 ○息つぎの顔の上げ方が「ガバッ」（勢いよく上げる）と「ニュ～」（静かにゆっくり上げる）のどちらが沈まないかを実験する。

第2章　小学校中学年体育の授業プラン

【4年生】

		ねらい	学習内容
第一次　ドル平		○浮きやすい姿勢がわかる。 ○ふし浮き呼吸を連続でできる。 ○ドル平で楽に長く泳ぐためのコツがわかりできる。	○「がっくり浮き」と「スーパーマン浮き」では、どちらが浮きやすいかを実験してみる。（がっくり浮き） ○伏し浮き呼吸を連続でする。 ○より楽に、長く泳げるコツを考えながらドル平で長く泳ぐ。 ・ゆっくりとしたリズムでリラックスして泳ぐ。 ・息つぎで顔を上げ始めて、手が見えたら水を押さえるように腕をかく。
第二次　ドル平のバリエーション		◎近代泳法への発展 〈バタフライへの発展〉 ○うねりのあるドル平 あごの出し入れでうねりができることがわかり、うねりにより推進力のあるドル平で泳ぐことができる。 〈クロールへの発展〉 ○腕のかきをクロール型にし、横向きの息つぎの仕方がわかり泳ぐことができる。 〈平泳ぎへの発展〉 ○ドルフィンキックとカエル足キックのちがいがわかり、ワンキックドル平から、カエル足キックができるようになる。 ※近代泳法への発展の中から、1〜2つやってみる。	○あごの出し入れで、うねりを作る。 けのびからあごを強く引いて頭から潜り込み、潜ったらあごを出して上を向き上がってくる。 ○うねりのあるドル平で泳ぐ。 息つぎの後、頭の先から水に突っ込むように入り、うねりを作ってドル平を泳ぐ。 ○腕のかきを足の腿までかくと、バタフライの形になる。子どもたちの実態に応じてバタフライの形までやってもいい。 ○ドルクロ（ドルフィンキックで腕のかきと息つぎがクロール型）でゆっくりと泳ぐ。 横向き息つぎの仕方を練習する。 ○カエル足キックの練習をして、ドルフィンキックとのちがいがわかり、ワンキックドル平をカエル足キックでできるようにする。
第三次　背浮き・動く水		○背浮きで浮きやすい方法がわかり、リラックスして浮くことができる。 ○流れを作り、動く水（流れ）の中で泳ぎ、静かな水との違いがわかる。	○ふし浮きとは逆にあごを出すと浮きやすいことがわかり、リラックスして背浮きをする。 ○流れる水の中で、流れに乗ると楽で、逆らうときつく泳ぎにくいことなどを体験する。

78

浮く・泳ぐ運動

VI. 授業の流れ（3年生）

1．第1次「浮く」

（1）第1時「浮きやすさの実験」

1）ねらい
①「がっくり浮き」と「スーパーマン浮き」の比較実験を通して、あごを引いた方が浮きやすいことがわかる。
②水中で息を止めた方が浮きやすいか、息をはいた方が浮きやすいかを実験して、息を止めておくと浮きやすいことがわかる。

2）本時の流れ
①「がっくり浮き」と「スーパーマン浮き」では、どちらが浮きやすいかの実験をする。
　がっくり浮きとスーパーマン浮きの特徴（あごの出し入れ）を確認し、「背中がぽっかりと浮いてくるのはどちらか」という発問をする。
　予想をさせた後、グループで実験をする。
　一人ずつやってみて、観察をして背中が浮いてくる方を確認する。

がっくり浮き

スーパーマン浮き

背中が浮いているかどうかで判断させる。

　実験後、グループ毎に結果を発表させる。
　全体の中で、子どもにやってもらい確かめる。浮きやすい姿勢は、「あごを引く」ということを確認する。
②ふし浮きで、息を止めた方が浮きやすいか、はいた方が浮きやすいかの実験をする。
　予想させた後、グループで実験をする。
　一人ずつやってみて、観察をして浮く方を確認する。

　実験後、グループ毎に結果を発表させる。
　全体の中で子どもにやってもらい、確かめる。「息を止めておく」と浮きやすいということを確認する。

※教師が、水中で息をはき切るとプールの底までベタッとつくまで沈み込むことを見せることができると、子どもは驚き、インパクトがある。

（2）第2時

「ダルマ浮き、クラゲ浮きなどいろいろな浮き方をやってみる」

1）ねらい
①いろいろな浮き方をすることで、水中での身体操作ができるようになる。
②水中で浮きやすい姿勢が体感を通してわかる。

2）本時の流れ
①「ダルマ浮き」「クラゲ浮き」「大の字浮き」「がっくり浮き」「スーパーマン浮き」などをグループでやってみる。
　グループやペアで、浮いている様子（体のどこが浮いているかなど）を観察し合って気づきを伝え合う。

 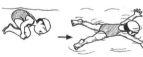
クラゲ浮き　　だるま浮き　　大の字浮き

がっくり浮き　　スーパーマン浮き

②グループで、浮き方を考えて「発明浮き」

第2章 小学校中学年体育の授業プラン

として発表し合う。
「背中が浮く」「頭が浮く」などそれぞれの特徴を観察し合う。

（3）第3時「変身浮きをする」
1）ねらい
①浮き方を意図的に変える変身浮きをすることで、水中での身体操作・姿勢制御ができる。
②あごを引いた浮きの時には浮きやすく、あごを出した浮きは浮きにくいことがわかる。
2）授業の流れ
①変身浮きをする。
　ペア・グループで「変身浮き」をする。「ダルマ浮き」→「クラゲ浮き」→「大の字浮き」の順番に変身する。
　水面から背中などが出たら、タッチをする。
　タッチをされたら、変身して次の浮き方に変える。

　ちゃんと浮けているかなど、ペア・グループで観察する。
②「がっくり浮き」と「スーパーマン浮き」の変身浮きをする。
　タッチをされたら「がっくり浮き」と「スーパーマン浮き」の変身をする。

　　がっくり浮き　　　スーパーマン浮き

> 「がっくり浮き」では、背中が浮き、「スーパーマン浮き」では、頭が浮くことがわかる。

2．第2次「息つぎ」

（1）第4時「息つぎの仕方がわかりできる」
1）ねらい
①まとめてはいて（パッ）、まとめて吸う息つぎの仕方がわかりできる。
2）授業の流れ
①水に顔をつけて、水から顔を出したら「パッ」とする息つぎを練習する。
　口までつけて→鼻まで→目まで→頭まで

> ※水に入る前に「パッ」とする息の仕方を練習しておく。

②四股立ちで腕を前に出し、腕で水を押さえるように下げながら顔を上げて息つぎをする。

> ※「イチ、ニ、サ〜ン、パッ」のリズムで、ゆっくりとやる。

③歩きながら息つぎ→少しずつ水に体を預けるように浮きを感じながら息つぎをする。

> ※連続して5〜10回できるようにする。

3．第3次「ふし浮き呼吸」

(1) 第5時「ふし浮きで背中が浮いたら息つぎをして、浮くまで待つ（ふし浮き呼吸）」

1) ねらい
①ふし浮きから息つぎをして、沈み込んだ後に浮いてくるまで待つことができる。
②あごを引くことで浮いてくることがわかりできる。

2) 授業の流れ
①ふし浮き呼吸をグループでやってみる。
　ふし浮きから息つぎをして、背中が浮いたらペアの子がトントンと背中をたたいて合図をする。合図があったら立つ。

> あごを引くと浮いてくるという感覚を感じ取らせたい。

※ペアで、浮いているかどうか、顔の向きはどうかなどを観察させる。

(2) 第6時「ふし浮き呼吸を連続でする。」

1) ねらい
　ふし浮き呼吸を連続でできる。

2) 授業の流れ
　ふし浮き呼吸の連続をグループでやってみる。
　ふし浮きから息つぎをして、背中が浮いた

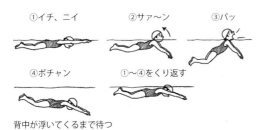

背中が浮いてくるまで待つ

らペアの子がトントンと背中をたたいて合図をする。合図があったらもう一度息つぎをする（連続で5～10回やってみる）。

※連続ですることで、あごを引くと浮いてくるという感覚をしっかりと身につけさせる。

4．第4次「ドル平」

(1) 第7時「『のびて～、パッ、ト～ン、ト～ン』のリズムでドル平を泳ぐ。」

1) ねらい
①ふし浮き呼吸で沈み込む足を浮かせるために、ドルフィンキックの2回キックで足を浮かせて、水平姿勢になることができる。
②ドル平で25m泳げる。

2) 授業の流れ
①ふし浮き呼吸で、沈み込む足を浮かせるためにドルフィンキックを2回することを知らせ、プールサイドでうつ伏せになり、ドルフィンキックの練習をする。

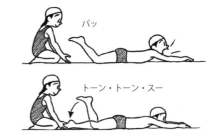

②ふし浮き呼吸をして、息つぎの後ドルフィンキックを2回して水平姿勢になる。

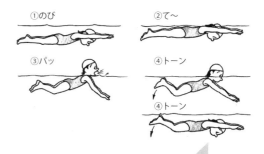

> 体を浮かばせるのは、あごの動きであって、キックは足を浮かすためのものという意識で行う。

③「のびて〜、パッ、ト〜ン、ト〜ン」のリズムでドル平を泳ぐ。

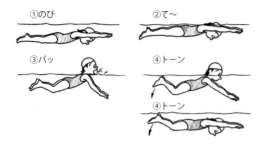

※子どもはリズムが速くなりがちなので、ゆっくりとした「のびて〜、パッ、ト〜ン、ト〜ン」のリズムで泳ぐようにさせる。

※ペアでリズムの声かけ、観察をし合いながら練習をする。気づきなどを伝え合うことで学び合いができ、技術認識を深めることができる。

（2）第8時「息つぎの仕方。「ガバッ」（勢いよく上げる）と「ニュ〜」（静かにゆっくり上げる）の実験。」
1）ねらい
①息つぎの顔の上げ方が「ガバッ」（勢いよく上げる）と「ニュ〜」（静かにゆっくり上げる）のどちらが沈まないかを実験をして、「ニュ〜」と静かにゆっくりあげる方が沈みこまないことがわかる。
2）授業の流れ
①息つぎの顔の上げ方が「ガバッ」（勢いよく上げる）と「ニュ〜」（静かにゆっくり上げる）のどちらが沈まないかを実験する。
※グループで実験をする。一人ずつやってみて、どちらが沈みこまないかを観察し合う。

やってみて、どちらが疲れないかを交流して、楽に長く泳ぐには息つぎの仕方をどうしたらいいかを話し合う。

（3）第9時以降「ドル平の習熟練習」
1）ねらい
①学習したことをもとにして、グループやペアで観察し教え合いながらドル平で25m以上泳げるようになる。
②ドル平のポイントを友だちの泳ぎを見ながら確認することができ、アドバイスをし合うことができる。
2）授業の流れ
　グループやペアでポイントを伝え合いながら、ドル平で泳ぐ。

※ドル平のリズムや、泳ぎのポイントなどを声かけしながら練習する。

※「リラックス」や「息つぎ」、「ゆっくりとした動作」などのポイントを確認しながら練習させる。

※友だちの泳ぎを見ることで、技術認識がより深いものになり、実際に泳いでみることでさらに定着することができる。

※学習ノートに気づきを書き、グループで交流することで学んだこと、気づきなどを共有することができる。

　学んだこと、気づいたことをグループごとにまとめる作業をすると、さらに共有し、定着させることができる。
〈グループでのまとめの例〉

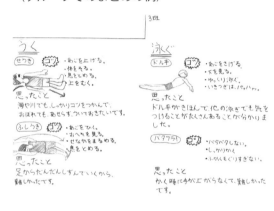

VII. 授業の流れ（4年生）

※ドル平の指導までは、VI. 授業の流れ（3年生）を参照する。

1．第2次「ドル平のバリエーション」

「バタフライへの発展」「クロールへの発展」「平泳ぎへの発展」の内から1～2つ選んで指導をする。

　4年生では、近代泳法を完成させることをねらうというよりも、ドル平の形を変えても「息つぎ（呼吸）」や「リラックス」など泳ぎの大事なポイントが変わらずに定着することをねらって行う。

2．バタフライへの発展

（1）第1・2時
1）ねらい
①あごの出し入れで、うねりを作ることがわかる。
②リズムを変えたドル平で泳ぐことができる。
2）授業の流れ
①けのび、ふし浮きからあごの出し入れでうねりを作る。

①のびて～　②パッ　③けって～　④のびて～　⑤けってパッ

※あごを引くことで体が手の先から沈み、あごを出すことで手の先から体が浮き、うねりができる。

②リズムを変えたドル平で泳ぐ。

①のびて～　②パッ　③けって～　④のびて～　⑤けってパッ

※バタフライの形で泳ぐことにつなげるリズムに変えたドル平で泳ぐ。

（2）第3・4時「うねりのあるドル平で泳ぐ」
1）ねらい
　あごの出し入れでうねりができることがわかり、うねりにより推進力のあるドル平で泳ぐことができる。
2）授業の流れ
　あごの出し入れでうねりができることがわかり、うねりにより推進力のあるドル平で泳ぐ。

第2章　小学校中学年体育の授業プラン

あごを引き、頭から突っ込むようにもぐる。

①トーン　あごを引いてキック　　②トーン

③スー　あごを上げていく　　　　④パッ

もぐったら、あごを出して上を向き水面に向かって浮き上がる。

　腕のかきを足の腿までかくと、バタフライの形になる。子どもたちの実態に応じてバタフライの形までやってもいい。

3．クロールへの発展

（1）第1・2時

1）ねらい

　ドル平の息つぎを、クロールのように横向き息つぎにして泳ぐことができる（片手ドルクロ）。

2）授業の流れ

①歩きながらクロールの腕のかきをして横向き息つぎの練習をペアで声をかけながら行う。

※腕をかきながら、横向きに息つぎをする時に顔が立たないようにペアで確認する。

②ふし浮きから腕をかきながらの横向き息つぎを練習する。

顔を上げようとすると顔が立ってしまうので、かかない腕を前に伸ばすような意識で息つぎをする。

　最初は息つぎ1回で立ってできぐあいをペアで確認する。続けて行い、足が下がったらケンケンするようにして水平姿勢に戻す。

③ドル平の息つぎを横向き息つぎに変えて泳ぐ。（片手ドルクロ）

　ドル平のリズムを「けって〜、のびて〜、けって〜、パッ」に変えて、パッの時にクロールの腕のかきをしながら泳ぐ。

①けって〜　　②のびて〜　　③けって〜　　④パッ

かかない方の手が、下に下がらないように前に伸ばす意識を持たせる。

※ドル平で身につけたリラックスした泳ぎになるように意識させる。

（2）第3・4時

1）ねらい

　ドル平の腕のかきをクロールのように交互にかきながら息つぎをして泳ぐことができる（ドルクロ）。

2）授業の流れ

　ドル平の腕のかきをクロールのように交互にかきながら息つぎをして泳ぐ。（ドルクロ）

　ドル平のリズムを「けって〜、かいて〜、けって〜、パッ」に変えて、クロールの腕のかきと息つぎの協応動作をしながら泳ぐ。

浮く・泳ぐ運動

4．平泳ぎへの発展

（1）第1・2時

1）ねらい

ドル平のキックを1回にして、伸びを十分にとったワンキックドル平で泳ぐことができる。

2）授業の流れ

①ドル平のキックを1回にして、「けって〜、のびて〜、のびて〜、パッ」のリズムで泳ぐ（ワンキックドル平）。

①のびて〜　②パッ　③けって〜　④のびて〜　⑤のびて〜　⑥パッ

「のびて〜、のびて〜」で、しっかりとリラックスした伸びを意識させる。

②腕のかきを平泳ぎ型に変えて、ワンキックドル平で泳ぐ。

腕で卵をなぞるようにかき、胸の前で合わせるようにする。

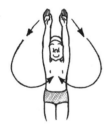

※腕が横に広がりすぎないように気をつける。

（2）第3・4時

1）ねらい

足のキックをカエル足にして、ワンキックドル平から、平泳ぎの形にして泳ぐことができる。

2）授業の流れ

①カエル足の練習をする。

ペアで足を持っての練習。

※足先を持って、足を開いた時の足首の形を覚えさせる。

②キックをカエル足にして「けって〜、のびて〜、のびて〜、パッ」のリズムで平泳ぎ型で泳ぐ。

①けって〜　②のびて〜　③のびて〜　④パッ

「パッ」の時の腕のかきと、カエル足の形に気をつけて泳ぐようにする。

リラックスし、伸びのある泳ぎを意識させる。

5．第3次「背浮き・動く水での泳ぎ」

近代泳法の背泳ぎにつながる背浮きは、他の泳法とちがう浮き方のポイントがある。背浮きをやってみることは背泳ぎにつなげる意味と、水の中でのリラックスと姿勢制御をより確かなものにするという意味を持つ。

また、水に関わるいろいろな文化（水辺文化）を学ぶ対象と考えた時に、自然の中での泳ぎも視野に入ってくる。プールという限定された場での静かな水での泳ぎにはない、動く水の感覚を感じ取らせたい。

（1）第1時「背浮き」

1）ねらい

①背浮きでリラックスして浮くことができる。

②ふし浮きとは逆に「あごを出す」と浮きや

すいことがわかる。
2）授業の流れ
　ペアで支えながら背浮きの形で浮いてみる。
　どうすれば浮きやすいかを考えながらやってみる。

　ふし浮きとは逆に背浮きの浮きやすい姿勢は、
・あごを出す。
・背中を反らせ、お腹を突き出すようにする。
　ということをつかませる。
　うまくいかないときには、ペアや補助者が背中を支えてやる。

（2）第2・3時「動く水での泳ぎ」
1）ねらい
①動く水の中で、浮いたり、泳いだりして流れに流されることや流れに逆らうことができる。
②流れに流される楽しさや、流れに逆らうことのきつさを体験する。
2）授業の流れ
①みんなでうずまきを作って、流れに乗ってみる。
※浮いて流れを感じることができる。

②流れに乗りながら泳いでみる。
　ドル平やクロールなどいろいろな泳ぎで泳いでみる。動かない水との感覚の違いを感じ取らせる。
③流れに逆らって泳いでみる。
　ドル平やクロールなどいろいろな泳ぎで泳いでみる。流れに逆らって泳ぐことの抵抗感、泳ぎにくさなどを感じる。

ボール運動
（じゃまじゃまサッカー）

I．子どもの発達課題に応じた学習

1．中学年の大半の児童は運動経験が希薄

　中学年におけるサッカー学習では、「2人のコンビネーションによるパスからのシュート」の技術を獲得することが課題となる。

　そしてこの課題達成には、プレ学習として、幼年および小学校低学年期に多様な運動体験を積み、一定程度の身体操作力やボール操作力を獲得していることが望ましい。

　しかし、今日の就学前教育（幼年教育）や小学校入学後の教育環境は、幼児、学童の発達課題に対応できておらず、神経回路が未形成な児童への指導を前提にした指導計画にならざるを得ない。

（1）こんな児童が増えていませんか？
①習っているスポーツの技量は高いが、他のスポーツは、からっきしダメ！

> 20〜30年前は、上手い子はどのスポーツも上手だったのに！　なぜ？

②ボールを投げるとき、投げる方向に正対して、両脚を平行にしている。
③転がってくるボールが通り過ぎてから、横（通過位置）に動く。
④6年生！バスケットボールでドリブルをさせると、腰を曲げて上から見下ろすような姿勢で、手の平でボールを叩く。
⑤サッカーのシュート練習では、ボールを蹴らずに地面を蹴って指を負傷する！

⑥前につんのめったら、顔をすりむいたり、指や手首を骨折する。

> ②③④⑤⑥って、「運動神経」の善し悪しじゃなく、運動経験の無さが原因だよね。

（2）適度な運動経験が神経回路をつくる
　スキャモンの発達曲線によると、神経系の器官（頭脳、脊髄・視覚器）は、5歳で成人の80％、6歳で90％まで発達し、ゴールデンエイジと言われる12歳ごろまでにほぼ成人並に成長すると言われている。

　この時期の運動経験は無数の神経回路の形成を促し、高度な身体操作力を獲得させる。

　成長期に形成された神経回路は簡単には壊れないとも言われている。

> 子どもの頃によく乗った自転車！　久しく乗っていなくても難なく乗れるでしょう。

> 子どもの頃に形成された神経回路は使われなくても保存されているから！

2．問答

問：運動経験の少ない中学年の児童にはどんな運動が必要ですか？

答：幼年から低学年までに体験してこなかった様々な動き（陸上、器械、球技の分野だけでなく、固定施設での遊びや伝承遊びなど）を体験する場を設定することが大切です。

問：サッカー学習に絞って言えば、ドリブルやパス、トラップ、シュートですか？

答：そのようなボール操作もですが、幼少期に、**身体のあらゆる部位でボールに触れる**

ことが大切です。

問：リフティングですか？

答：それも一例ですが、それらの経験の仕方が大切なんです。

問：経験の仕方？

答：1つ目は、「**楽しみながらすること**」です。

子どもたちにとっては「遊んでいる」ような感覚で行うことで、神経の伝達物質が放出されると言われています。

2つ目は、「**ボール操作は一連の流れの中で**」行うということです。ゲーム場面に近い状態が良いと思います。

3つ目は、低・中学年では「わかって→できる」より、「**出来て（経験して）→わかる**」ことを大切にすること。一部の子が「わかった！」からって、教師は喜んで他の児童に教え込まないことが大切です。

問：いろいろあるんですね！

答：子どもの発達でいうと、**9歳の節**が、「できて→わかる」から「わかって→できる」に変わる**過渡期**です。当然、3年生と4年生では学習形態も変わってきます。

Ⅱ．楽しい体験を積み重ねる3年生の学習

3年生では、幼・小低の体験不足を補いつつ、ゲーム感覚を養うことが課題となる。

1．学習目標（達成目標）

・足のいろいろな部位を使ってボールを操作しながら楽しく遊ぶ。

・簡単なドリブル・シュートゲームをしながら、「1対1」の駆け引きを楽しみ、「相手」のいない場所、いる場所を認知する。

> 顔が上がらないと、周りが見えない！

・ドリブルでせめてくる相手の進路に立ち、じゃまをする。

・「相手」に当たったボールや、蹴り損なったボールが、たまたま味方の前に転がる！こんな経験をたくさんする。

> 将来の作戦学習（＝パスを使って前に居る防御を抜く）の伏線になる！

・上手な子や未熟な子の気持ちをともに理解し合い、教えあって学ぶ。

2．事前アンケート

表1のようなアンケートをとる。

表1

> 　　　　　　　名前（　　　　　　）
> ①サッカーをしたことがありますか。
> 　ア．ない。　イ．サッカーあそびをした。
> 　ウ．（○年かん）習ってた。
> 　エ．（○年かん）習っている。
> 　オ．ほかのスポーツ（　　）を習ってる。
> ②サッカーや他のボール運動は、すきですか、きらいですか。
> 　ア．ボール運動はきらい。イ．サッカーだけがきらい。ウ．ふつう。エ．サッカーが一番すき。オ．ボール運動はみなすき。
> ③「②」で、こたえた理由。
> 　（　　　　　　　　　　　　　）
> ④休みの日は、何をしていますか。
> 　（いくつでもえらべます）
> 　ア．学習じゅく　イ．習いごと
> 　ウ．家でゲーム　エ．読書
> 　オ．外で1人あそび
> 　カ．外で友だちとあそぶ
> ⑤「④」でオ、カをえらんだ人
> 　どんなあそびをしていますか。
> 　（　　　　　　　　　　　　　）
> ⑥サッカーがうまくなれるなら、うまくなりたいですか。
> 　ア．なりたくない。　イ．なりたい。
> 　ウ．どちらでも。

ボール運動（じゃまじゃまサッカー）

3. 学習計画

次時	配分	内　容	ね　ら　い	留　意　点
		・オリエンテーションと班づくり　　　　別途記載（教室）		
第一次 1 2		ボール操作とボールゲーム遊びの紹介	・ボールの操作方法を知る。 ・楽しくする。 ・ボールゲーム遊びを知る。	ボール操作競争にはしない！ **「わたしはへた！」** と思わせたら、嫌いになる
		ボールタッチとドリブル		
		ボール操作　＋ゲーム		
第二次 3・4・5・6・7	5	準備作業	事前確認で全員作業	ゲームの時間の確保
	10	奇数時：ボールタッチとボール相撲。偶数時：ドリブルと集団ドリブル「くやし〜い」	・ボール操作に慣れる。 ・からだの使い方に慣れる ・ウォームアップを兼ねる。	・リーダーを中心に。 ・班長は時計で時間の確認
	25	「じゃまじゃまサッカーⅠ」 （攻3：防2、攻め全員ボール保持バージョン） 授業時間中は手の使用禁止！	・防御のスキをみつけてじゃまゾーンをドリブル突破。 ・攻めの進路に立って、攻めのボールを蹴り出す。	時間制 失敗しても何度でも ドリブルでスタート地点に戻って攻め直すんだ！
	5	整理運動と後片付け	事前確認で全員作業	業間に食い込まない
第三次 8・9・10・11	5	準備作業　　（第二次と同じ）		
	10	奇数時：ボールタッチとボール相撲。偶数時：ドリブルと集団ドリブル「くやし〜い」	・ボール操作に慣れる。 ・からだの使い方に慣れる ・ウォームアップを兼ねる。	・リーダーを中心に。 ・班長は時計で時間の確認
	25	「じゃまじゃまサッカーⅡ」 （攻3：防2、ボール2個） ボールを保持していない「攻め」の動きに注目！	・防御のスキを見つけて、じゃまゾーンを突破。 ・防御をフェイントで抜く。 ・死角から出てパスを受ける。 パスからの攻めは、教え込まない！ ・ボール保持者がフェイントでパスコースをつくる。	2人の防御が、2人のボール保持者をマークした時、ボールを保持していない味方を活用できなければ、「2：2」となる。
	5	整理運動と後片付け	事前確認で全員作業	業間に食い込まない
第四次		まとめ（教室） 班会議：「①足のいろいろな部位でボールに触れたか。②防御の様子を観て、「今がチャンス」が分かったか。③周りを観ながらドリブルしたか。④守りの時、ボール保持者の進路に立ち、じゃますることができたか。⑤誰からどんなことを教えられたか。⑥誰にどんなことを教えたか。⑦サッカーに対する見方や『思い』は、かわったか。」等を話し合う。班会議の内容を全体で交流する。		

89

III. オリエンテーションで確認すること

1. 次の（1）（2）（3）（4）の確認

（1）サッカー学習に対するみんなの「思い」や「ねがい」を共有する。

- サッカーが得意な子は、球技経験が浅くて未熟な子の「思い」や「ねがい」を知る。

> ・ドッチで、横から「ボールをくれ」と、言われる。
> ・失敗したら、すぐ、おこる。
> ・何をしたら良いかわからないのに、「もっと、頑張れ」と言われる。

> ・やる気がない！と、思っていたが？
> ・本当は…うまくなりたいんだ！
> ・もっと、ボールにさわりたいんや！

- 未熟な子は、得意な子のサッカーへの「情熱」を知る。

> ・小さいころから習っているから、うまいんや！
> ・休みの日でも！れん習してるんやなぁ！

（2）サッカーの経験のある子も、未経験な子もうまくなるような学習をする。

> みんながボールに触れることが、みんながうまくなるための保障！ → 攻め、全員ボール保持！のゲームをする。
> ↑
> ふつうサッカーでは、上手な子ばかりがボールに触って、経験の浅い子はボールに触れない。

これだ！

「じゃまじゃまサッカー（攻め全員ボールあり）」というゲーム！

（3）達成目標の確認と「経験者」のしごと

- 「初心者」が目標を達成するためには、「経験者」の技量の高まりも必要。

> ボール操作の先生になる

> 防御の前で立ち往生している子には作戦でフリーにしてあげる。

（4）みんなの努力で練習やゲームの時間確保

- 練習内容の確認と学習ノートの記入は学習前に済ませておく。

> コーチ会議！

> 学習の節目ではコーチ会議を開き学習内容の確認をする

2. 班の作り方、班長、コーチの決め方

（1）班づくり

　4人1チーム、2チームで1つの班とする。

> 1班・兄弟チームで学習を進める

- どのチームにも、上手な児童、未経験で体育が苦手な児童がいるようにする。

- 児童の技量に応じてチーム内で記号（A～D）をつける。

　技能が一番高い児童：D
　技能が二番目の児童：B
　技能が三番目の児童：A
　技能が四番目の児童：C

> アンケートと平素の体育の様子から

> 記号は「学習ノート用」として示す。

注意！　ランク付けは公表しない！

- コーチにはDの児童を班長には人の意見をよく訊ける児童

（2）班長・コーチの仕事

- 学習チームノートの準備や整理（記録、感想、質問等）を中心になってみんなで行う。
- ゲームの出場順や練習の方法を事前に確認し合う。
- 実技学習の準備・後片付けを中心になって行う。

ボール運動（じゃまじゃまサッカー）

・アドバイスやチーム員からの質問に対して具体的に指摘したり答えたりする

| 説明がわからない |

がんばれ！は、何をどう頑張るのかわからない。

教える側が解っていないから！

IV．一次「ボール操作」

ボール操作の方法を伝えることが目的。「二次」以降は準備運動として行う。

◀ 注意！ 上達競争にしない！

1．ボールタッチ（各20回）

図1　前からのボールタッチ

図2　足の内側でボールを左右に移動

図3　足裏でボールを左右・前後に移動

①足の甲がボールに触れる程度に近づけて、
②小指の付け根を地面に。（足はクロス）

図4　アウトサイドでボールタッチ

2．足のいろいろな部位を使ってドリブル

図5　両脚のインサイドでドリブル

図6　両脚のアウトサイドでドリブル

図7　足裏で横への移動　　図8　足裏で後ろへ移動

3．ボール操作を高めるゲーム

| このゲームで無意識に顔が上がる（ルックアップ） |

「くやし〜い」と言えば、何度でもゲームに復帰できる！

初心者にとっては、これは大切！

図9　集団ドリブル「くやし〜い！」

91

第2章 小学校中学年体育の授業プラン

ボールと相手との間に身体を入れる。

自分の身体を横向きにすると、相手とボールとの間の距離が長くなる！

図10　ボール相撲

V.「じゃまじゃまサッカーⅠ」攻め全員ボール保持バージョン

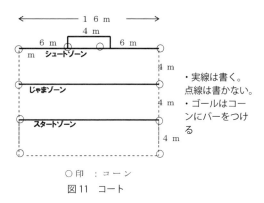

・実線は書く。点線は書かない。
・ゴールはコーンにバーをつける

○印：コーン
図11　コート

1. 基本（バージョンⅠ）ルール

・攻め3人、守り2人で、攻め全員ボール保持で行う（バージョンで変わる）。
・野球のようにイニング制で、先攻、後攻で4回の攻防を行う。
・1回の攻撃時間は1分30秒（可変更）
・スタートゾーン手前から攻撃をはじめ、シュートゾーンでシュートする（シュートゾーン以外からは無効）。
・時間内は何度でも攻撃でき、得点するか、ボールがコート外に出たら、スタートゾーン手前に戻り再スタートとする。
・防御は、じゃまゾーンで守り、相手ボールを奪ったらコート外に蹴り出す。

・ボールが膝より高く上がったら、攻め直し
・攻撃時は学習用ノートの◎、○、□の3人が出て、守りでは●と■が出る。
☆欠席者があるときは、学習前に作り直す。

各イニング終了から次のゲームを早く始めるために、次に出る人（学習用ノート）を読み上げる。

2. 得点できない児童とその対策

・相手防御にボールを奪われることを嫌って、じゃまゾーン手前で防御と向き合ったままの児童！

これでは、ボール操作も、防御との駆け引きも、上達しない！

蹴り出されてもドリブルで戻ること自体がボール操作の学習になる！

・防御が来ると、慌てて闇雲にボールを蹴る。

2人が防御を引きつけて、初心者をフリーにして、
今や、行け！　　作戦

表2　学習用チームノート

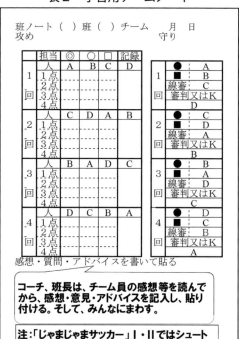

コーチ、班長は、チーム員の感想等を読んでから、感想・意見・アドバイスを記入し、貼り付ける。そして、みんなにまわす。

注：「じゃまじゃまサッカー」Ⅰ・Ⅱではシュート成功は全て1点。表はⅢ用

VI.「じゃまじゃまサッカーⅡ」ボール2個バージョン

1．ルール

- ボールが1つ減る（学習用ノートの□の児童はボールなしでゲームを始める）。
- 攻め直しの時も、◎、○印の児童のボール保持から始める。
- □印の児童は「◎」の児童のパスでも「○」の児童のパスでも、もらえる。

2．指導の留意点

ゲームの様相は、攻めのボール2個に対して防御も2人だから、それぞれが「1：1」となる。

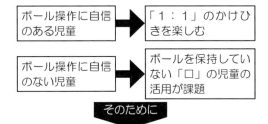

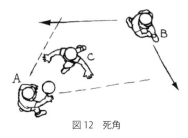

図12　死角

ボール保持者AからBへパスを出したいのだが、防御Cによってパスコースが消されている。Bの位置を「死角」という。矢印（→）の方向に動いてパスをもらえるスペースに動くことを「死角から出る」という。

しかし、これを3年生全員の学習課題とすると、認識を伴わない「教え込み」のドリル学習となることが多い。教師から、「パス」学習を提起せずに、児童の活動をじっくり見守りたい。こんな体験をたくさん蓄積。

> 「防御」に当たったボールや蹴り損なったボールが、たまたま味方の前に転がる！

3．まとめ

次のようなアンケートをとり、これをもとにチーム、班で話し合う。また、班内の話し合いの様子を全体で交流しあう。

表3

学習後のアンケート　（　）班（　）チーム
　　　　　　　名前（　　　　　　　）
①ボールをさわられた足の部位を選んでください。
ア．内側、イ．甲、ウ．先　エ．外側　オ．裏
カ．かかと　　（さわられた部位すべて選ぶ）

②周りを見ながらドリブルできましたか？
ア．できた　イ．時々見た　ウ．無理だった

③攻め込むタイミング「今がチャンス！」が、わかりましたか？
ア．よくわかった　イ．声をかけられてわかった
ウ．なんとなくわかった　エ．わからなかった

④ドリブルしてくる相手に「じゃま」をすることができましたか？
ア．いつも相手のボールをうばうことができた
イ．上手な人には抜かれたけど、何度も奪った。
ウ．じゃますることができなかった。
⑤だれから、どんなことを教えてもらったか？
（　　　）から（　　　　　　　　　）
（　　　）から（　　　　　　　　　）

⑥だれにどんなアドバイスをしましたか？
（　　　）から（　　　　　　　　　）
（　　　）から（　　　　　　　　　）
⑦サッカーについてや、友達にたいする見方が変わりましたか？
（
　　　　　　　　　）

Ⅶ. ４年生の技術学習

1. 分析・総合力を引き出す指導

　９歳を過ぎたころから、児童は、「帰納的な思考」が芽生え出すと言われている。幾つかの経験からその共通性を見つけ出し「普遍化」できるようになるというのである。

　４年生の体育科の学習においても「具象」から「抽象」への学習、経験を分析し総合する学習形態を導入すると良い。

2. 学習課題を絞り込む

　限られた学習時間で習熟児のもつ技能の全てを学習課題としても、習熟できないだけでなく、児童の学習意欲も引き出せなくなる。

　そこで、

- 学習課題としてのボール操作をインサイドキックに限定する。ドリブル遊びでは足のいろんな部位でボールを触らせるが、評価対象にはしない。
- シュートの成否評価を到達度がわかるように工夫する。
- 守りでは、内線防御（図13）の位置に立ったり、攻めの動きに応じて移動することができる。 ＜ポジショニングができれば良し＞
- ボールが膝より高く上がったら攻め直しとして、経験が浅い者の恐怖心を和らげる。
- 実技学習中は、「ボールを手で触らない」を徹底させる。 ＜これがボール操作上達の鍵＞

3. 学習目標（達成目標）

（１）学習形態

- 初歩的な問題解決学習に取り組む。

（２）ボール操作の習得課題

- インサイドでのトラップ。
- フェイントで防御を外して、スルーパス。
- 斜め後方からのパスをターンしながらのトラップからインサイドでシュート。

（３）守り方：ポジションのとり方

- 内線防御（図13参照）に入れる。

（４）個人戦術

- 味方や敵と正対する時間を少なくし、広い視野を得る半身の姿勢を維持することができる。 ＜チームの攻め方、守り方をやり遂げるポイントは、個人戦術にかかっている＞

（５）チームや班で教え合い学び合う

- 学習内容を確認し、それぞれのボール操作法やポジションのとり方を教え合って学ぶ。
- 経験者は初心者の技量に応じたパスの出し方がわかり、正確なボールを配球する。
- 練習量を確保するため、準備作業を能率良くする。

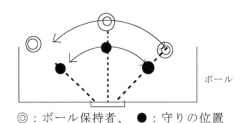

◎：ボール保持者、　●：守りの位置

図13　内線防御

ボール保持者とゴールの間に立って守ること。ボール保持者が動けば、防御も動いて常にボールとゴールの間にたつ。

ボール運動（じゃまじゃまサッカー）

4. 学習計画（※「じゃまじゃまⅠ」履修前提）

次時	配分	内　　容	ね　ら　い	留　意　点
		オリエンテーション　と　班づくり　3年を参照　　　（教室） 学習効果を高めるために「班内の児童の技量に応じてチーム内で記号（A～D）をつける。」		
第一次 1・2・3・4	5	準備作業	事前確認で全員作業	ゲーム・練習時間の確保
	5	・いろんな部位でのヘビドリブル	・ウォームアップを兼ねる。 ・軸足の重心移動と協応動作	・小さなドリブルでボールタッチの回数を増やす。 ・上手、下手に言及しない。
	10	「1：1」のゲーム	・攻防の駆け引き（フェイント）	・防御の重心位置に注目
	20	「じゃまじゃまサッカーⅡ」 （攻3：防2、ボール2個） 学習用ノートの◎、〇印の2人がボール保持 □印の児童：パスを受けてシュート	・防御のスキを見つけて、じゃまゾーンを突破。 ・防御をフェイントで抜く ・死角から出てパス受け ・ボール保持者がフェイントでパスコースをつくる。	・□が初心者のとき、死角から引き出すパス（図16） 経験豊富な児童の技術的高まり
	5	整理運動と後片付け	事前確認で全員作業	業間に食い込まない
第二次 5・6	5	準備作業	事前確認で全員作業	ゲーム・練習時間の確保
	10	菱形練習	・トラップ・ターン・パス	・練習回数の確保
	25	「じゃまじゃまサッカーⅢ」 （3：2＋K、ボール1個） ゲームスタート時、再スタート時に学習用ノートの◎印はボール保持	・右後方からのパスとゴールが見えるよう（半身）に走り込む ・タイミングを測ったパス	・パス出しのタイミング・方向・強さ。 ・走り込み方、トラップからシュート 学習課題として確認
	5	整理運動と後片付け	事前確認で全員作業	業間に食い込まない
第三次 7・8・9	5	準備作業	事前確認で全員作業	ゲーム・練習時間の確保
	10	菱形練習	・半身でボール引き寄せながら、体をターンしてパス	・インサイドでヒットの瞬間、親指を上げて足首固定
	25	「2：1（＋K）」でパス・コンビネーション作り	・固定した2人組み（ボール保持は交代で） ・班（兄弟チーム）で課題（問題）解決学習	
	5	整理運動と後片付け	事前確認で全員作業	業間に食い込まない
第四次 10・11	5	準備作業	事前確認で全員作業	ゲームの時間の確保
	5	コートなしで簡易「菱形練習」	・ウォームアップ	「2：1＋K」の復習
	30	再び「じゃまじゃまサッカーⅢ」で「2：1＋K」の検証	・コンビネーションづくりの成果の確認	・問題解決学習の方法に慣れる。
	5	整理運動と後片付け	事前確認で全員作業	業間に食い込まない
まとめ		ゲーム記録・アンケートをもとに班・クラスで話し合い		

Ⅷ.　４年生第一次の教材

1.「ヘビドリブル」

縦に A、B、C、D に並んで、先頭のドリブルのまねをする。

・10 回ボールに触ったら、A は最後尾に移動して、B が先頭になる。繰り返す。

ドリブルは、距離より、触る回数が大切

コーチは、意図的に、みんながしないことをする。

2.「じゃまじゃまサッカーⅡ」（攻３：防２、ボール２個）（ルールは３年を参照）

（１）コートは図 14、ルールは３年参照

コートの描き方：実線は描き、破線は描かない。図中の○はコーン

図 14

（２）防御の陰にいる味方を引き出すパス

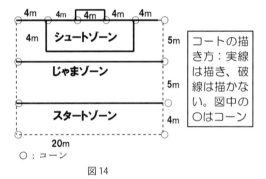

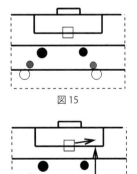

「○」の２人はボール保持。「□」はゴール前でパスを待っているが、２人の防御「●」の陰 (死角) に入っている。死角から出ることが難しい時、ボール保持者は図 16 のようなパスで、陰から出してあげる。

図 15

図 16

Ⅸ.「じゃまじゃまサッカーⅢ」（ボール１個）

１．ルール変更

・学習ノートの◎の児童がボール保持者。
・●の児童がボール保持者をマークする。
・手の使用を禁じたキーパーを加える。
・キーパーはゴールエリア内で守る。
・攻めがシュートゾーンに入れば、防御も入ることができる。
・シュートの評価：防御に当たった＝１点。シュートが外れる＝２点。シュートがキーパーに当たる＝３点。シュート成功＝４点。

2. 失敗から課題を発見する。

・後方から来るパスを見ないで、ゴールエリアの角に走り込むため、パスとタイミングが合わない。

弧を描いて視野を広める

・レシーバーがパスに追いつかない。
・パスが防御にカットされた。
・トラップがもたつく間に防御が来る。

パッサー： 味方に届ける強さで、防御に奪われないパス。→防御を引きつけてから、パスを出す。 **レシーバー：** ①トラップ力をつける。 ②パス受けの位置に早くから入らず、空けておく。

Ⅹ．課題解決学習①　ボール操作と菱形練習

1. コートの描き方

・小さい円は菱形の頂点（ポイントを打つ）。
・大きい円（直径１ｍ）の円を次の説明の様に描く。
・対角線の長さが 12 ｍ、７ｍの菱形の頂点

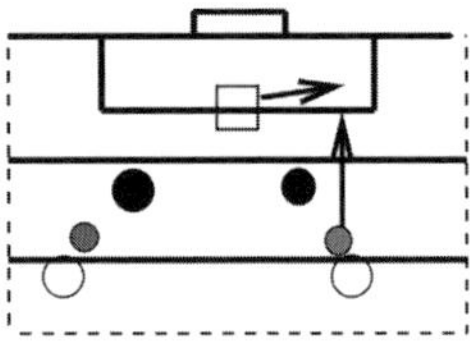

ボール運動（じゃまじゃまサッカー）

にポイントを打つ。広角（120度）から順に時計の針が回るようにW、X、Y、Zとする。
・対角線や菱形の辺は描かない。

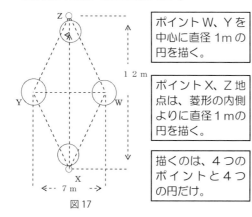
図17

ポイントW、Yを中心に直径1mの円を描く。

ポイントX、Z地点は、菱形の内側よりに直径1mの円を描く。

描くのは、4つのポイントと4つの円だけ。

2. 図の記号と立つ位置

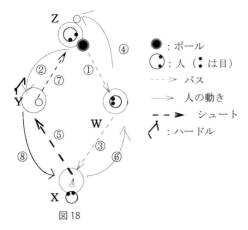
図18

・学習用ノートの「◎、○、□」が練習をして、記録担当の児童はボールの補充係をする。

3. 動き方（ボール：時計回り）

・Zのポイントに「◎」、Wのポイントに「○」、Xのポイントに「□」が立って、先ずZの位置の「◎」がWの位置の「○」にパスし、その後Yへ移動する。
・Wの位置の「○」はターンしながらボールをトラップして、Xの「□」にパスし、Zへ移動する。

・「□」は、パスを左前に転がすようにトラップしてYに向けてシュートする。Yに移動している「◎」はターンしながらトラップしてZへパスをする。

このように、ボールは時計回り、人は反時計回りに動き、2周まわって、「◎」がWへシュートし終えたら、メンバー交代する。

学習ノートの「攻め」の出る順で4回目まで練習。

W、Yポイントからは「ターンからトラップ・パス」、Z、Xからは「トラップ・トシュート」をする。

・ボールの「時計回り」が終われば、「反時計回り」をする。:「◎」、Y:「○」、Z:「□」が立ち、「◎」がYにパスから始める。

4. ボール操作

①軸足を蹴る方向に向け、ボールの横に踏み込む。
②蹴り足を直角に開き親指をあげて、プッシュ。

図19　インサイドキック

☆踏み込みを大きくすると、蹴り足のスピードが増して、強いボールになる！

図20　時計回り

ターンからのパス

97

XI.「2：1＋k」で問題解決学習

1. 兄弟チームでペア学習

パターンは図21の攻めに絞って学ぶ。

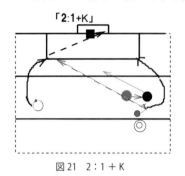

図21　2：1＋K

パターン：①「◎」が右へドリブル突破の動きで防御を引き寄せる。②「○」は「①」を見て左から弧を描きながらゴール前（ゴールエリアの角）へスタート。③「◎」は「○」の動きに合わせスルーパスを出して、右ゴールエリアの角へ。④「○」はトラップしながらシュート。

2. ペアを固定してコンビネーションづくり

学習用ノートの「◎」欄の児童がボールを保持し、パス出し学習。
「○」欄の児童が走りこみからトラップ・シュートの学習。
兄弟チームの「●」が防御。「絶対にドリブルに抜かれない。」距離を保つこと。
同「■」はキーパー。
兄弟チームで攻防を交代する。
守りチームで出ていない2人がチェックポイントを観察する。

3. チェックポイント

①守りは内線防御の位置を保てたか。
②シュートが完結したか。どこで失敗したか。
③ドリブルで防御を抜く動きで防御を引き付けているか（抜く意思を感じたか）。
④パス出しのタイミング。パスの強さは妥当か（パートナーの技量を考慮しているか）。
⑤走りこみのタイミングが良かったか。パスもゴールも見える半身になっていたか。
⑥トラップしながらターンできたか。シュートはコーナーを狙えたか。

XII. まとめ

次のようなアンケートをとり、これをもとにチーム、班で話し合う。また、班内の話し合いの様子を全体で交流し合う。

表4

学習後のアンケート　（　）班（　）チーム 　　　　　　名前（　　　　　　　　　　） ①守りで内線防御の位置を保てましたか。 ア．できた、　イ．ほぼできた、 ウ．失敗が多かった　エ．できなかった。 ②防御との駆け引きは積極的にいどみましたか ア．積極的に試みた　イ．相手を見て試みた ウ．自信なかった。 ③ゴール前へのパスは防御を引きつけてから出しましたか。 ア．しっかり引きつけた。イ．防御が来たら直ぐにパスを出した。　ウ．あわてて失敗が多かった ④ゴール前へのパス出しでは、「誰にどんなボールをけりましたか （　　　）：（　　　　　　　　　　　　　） （　　　）：（　　　　　　　　　　　　　） ・あまり出せなかった。 ⑤ゴール前に走り込むとき、ボールもゴールも見えましたか。（　　　　　　　　　　　　　） ⑥シュートは（　）回試みて、防御に当たる（　）回、外れる（　）回、キーパーに当たる（　）回、ゴール（　）回 ⑦班・チーム・ペアでの教え合いについて思うことを書いてください。 （　　　　　　　　　　　　　　　　　　　）

ボール運動
（フラッグフットボール）

Ⅰ．フラッグフットボールは何を教える教材か

　ボール運動は、どの学年でも子どもたちに人気の教材だろう。しかしボールにふれるどころかペースについていけずにウロウロ、参加できずに『お客さん』になっている子どもが出てきてしまうことも多い。

　また、勝敗があることによって、授業が「盛り上がっている」「子どもたちは満足している」と見えてしまい、『ボールゲームで何を教えるのか』ということが問題になることが少ない。

　しかし、小学校中学年という段階においては、技能差がだんだんと開いてくるため、「球技は苦手だ」「面白くない」という見方や、ただゲームをして「勝った」「負けた」しか評価がなく、勝利至上主義を加速させるような考えを広げてしまう可能性もはらんでいる。

　では、どうやってボールゲームの授業をするのか？　技能差を超えて、子どもたちが熱中して楽しめるボールゲームの一つが「フラッグフットボール」だと私たちは考えている。

Ⅱ．フラッグフットボールについて

　フラッグフットボール（以下フラフト）は、アメリカンフットボールのタックルの代わりに、腰につけたフラッグをとるようにしたゲームである。ボール保持者がフラッグをとられずにどこまで進めるか、作戦を立ててせめ

ぎ合うおもしろさがある（ルールの詳細は後述）。フラフトは、ドリブルや特別なシュート技術が必要ないため、どの子も参加しやすいと言える。

　また、攻防が入り乱れないため、攻めと守りの関係がわかりやすく、学習しやすいという特徴をもっている。そのため、守りを予想して、その守りの裏をかく攻めの作戦をつくったり、守りをだます作戦を考えたり、逆に攻めを予想した守り方を考えて試したりできるおもしろさがある。

　さらに、ボールゲームでは「得点」に関わって、結局は「ゴールがすべて」になってしまうことがある。その点フラフトでは、一回の攻撃で得点を競うのではなく、○回の攻撃でどれだけ進めたか？という陣取りのような『ダウン制』のルールがあり、「みんなで」積み上げていくおもしろさが味わえる。

　攻めと守りの関係を理解しながら学習を進めていくことで、勝ちか負けかという相対的なものだけではなく、読み合ったり、うまくなったことを評価し合ったり、「みんなで楽しむ」というおもしろさへとつないでいける教材とも言えるだろう。

Ⅲ．ねらい

〈できる〉

・空いている空間を意図的につくり出して、前に進むために必要な動き方ができる。

・攻撃する２人のコンビネーションや、その

第2章　小学校中学年体育の授業プラン

攻撃を防ぐ2人のコンビネーションなどの基礎的な技術を身に付ける。

〈わかる〉

・2人での攻めで、空間のつくり方や、作戦を成功させるためのそれぞれの役割とポイントがわかる。また、それを防ぐためには

どうすればよいかがわかる。

〈学び合う〉

・グループの仲間と観察ポイントや作戦図を見合って、原因や修正点を探り、どうしたらうまくなるか（できるようになるか）を互いにアドバイスし合うことができる。

IV．学習の全体計画

時	人数	ねらい	内容・活動
1	2：1	・フラッグフットボールのやり方や大まかなルールを知り、ゲームを楽しむ ・攻めと守りの時の基本的な動き方がわかる	①チームづくり（1チーム4〜5人程度） ②フラフトミニゲームを体験してみよう ③途中でストップして、ルールについて話し合う
2 3 4	2：1 ラン	・攻めの2人目の役割を知る ・2人のそれぞれの役割がわかってゲームができる	①攻めの時、2人目がどう動くかを考える。 ②守りをガードして、ボール保持者の通り道をつくるという2人目の役割を練習する。 ③それぞれの役割を理解し、たしかめゲームをして陣地を広げる。
5 6	2：1 パス	・パスを成功させるためのポイントを知り、有効なパス作戦を立てることができる ・どんなパスが有効かを見つけて練習する	①パスを成功させるために必要なことを考える。 ②いろいろなパスの種類を試す。 ③パスを受け取る場所やタイミングを考え、練習する。 ④パスとランを組み合わせながら、たしかめゲームをして陣地を広げる。
7 8	2：2	・2人の守りを突破するため、作戦図や記録表を使って攻防ができる ・作戦を考え、意図的に空間をつくって攻めることができる ・上手な守り方が分かり、相手の攻めを止めることができる	①2人になった守りを突破するためにどうしたらいいかを考える。→作戦の必要性 ②攻撃の作戦をつくる。（2人の役割） ③作戦をゲームで実行する。（作戦カード） ④ゲームを分析する。（作戦記録表） ⑤作戦の修正をする。
9 10	2：2	・他チームの攻めや守りのよさがわかる ・守りを突破するための、より上手な攻め方を考える	①他のチームのよい守りがわかり、自分たちの作戦にとり入れたり工夫したりする。 ②強くなった守りを突破するための攻め方や、作戦の組み立て方を工夫する。 ③守りの学習→攻めの学習　をくり返し、質の高い作戦にしていく。
11 12	ゲーム 2：2	・状況や点数に応じて、これまでの作戦を選んで組み立てながら実行することができる ・自分たちでリーグ戦を運営する	①これまでつくって練習してきた作戦をいかして、リーグ戦をみんなで楽しむ。 ②状況に応じて攻め方、守り方を考えて実行する。 ③自分たちで話し合ってリーグ戦のしかたやルールについても考え、リーグ戦をつくる。

100

ボール運動（フラッグフットボール）

Ⅴ．授業プラン

1．第1回目：フラフトのゲームを理解しながら楽しもう

（1）本時のねらい
- フラッグフットボールのやり方や大まかなルールを知り、ゲームを楽しむ。
- 攻めと守りの時の基本的な動き方がわかる。

（2）授業の流れ

　実際のゲームの中で動きながら、次のようなルールを確認する。やりながら問題が出てきたらその都度、みんなで話し合って、ルールを決めていく。

　コート…図1・2の通り
　準備…タオル2本または豆しぼり2本
　ボール…グループに1個

※フラッグはとりやすいものがよい。市販のタグよりタオルや豆しぼりの方が取りやすく着けるのも簡単。ボールはライスボールでもよいが、投げやすくて恐怖心なく受けやすいミカサのソフトドッヂ（0号）などがよい。

★フラフトミニゲームの進め方

◎1チーム4～5人。ゲームの人数は2人だが、はじめは攻め方をわかりやすく学ぶために、守りが1人の2：1で行う。残りの人はコーチ役になり、ゲームを分析したり、アドバイスしたりする。

◎攻撃チームの1人がボールを持ち、審判の合図でスタートする。

◎すべてのプレーヤーは、自分の陣地ならどこからスタートしてもよい。ただし、センターラインをはさんで、攻めと守りは守備側＝DFが両腕を広げた間隔だけ下がる。

◎はじめにボールを持っている人（クォーターバック以後QBと記述）は、スタートの時にはボールを隠さない。ミスにより作戦の成否が左右されることが多いため、スナップバックはせずに、QBが持った状態からスタートする。

◎プレーヤーは、腰の左右にフラッグ（タオル）をつける（タオルは膝よりも長く伸ばし、上着で隠さない）。

◎次の時、1回の攻撃が終了する。

- ボールを持つ人がタッチダウンラインを越えた時
- ボールを持つ人がフラッグを取られた時
- ボールを持つ人がサイドラインを越えた時
- ボールを持つ人の片手か片ひざが地面に着いた時
- 攻撃側のパスがカットされた時

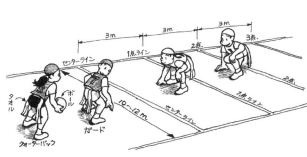

図1　コートとゲームの様子

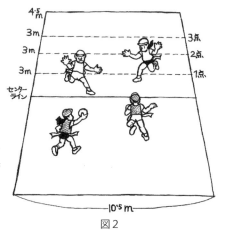

図2

第2章　小学校中学年体育の授業プラン

・ボールが地面に着いた時

◎パスをカットされた時は、進んだ距離は０mとなる。

◎攻撃は４〜５回で、全員が交代で１回ずつQBになる。

◎はじめのフォーメーションは攻めも守りも縦一列。

◎１回目の攻撃はセンターラインから行い、２回目以降は、前のQBの攻撃が終了した地点からスタートとする。前のQBがタッチダウンした場合は、またセンターラインから攻撃を開始する。

◎相手のプレーヤーに故意ではなく軽くふれたりさわったりするのは仕方がないが、たたいたり、たおしたり、ぶつかったりすると反則。

◎DFは敵をガードして前進を防ぐことができる。ただし、パスの時にDFはボールを持っていない攻撃側のプレーヤー（レシーバー）をガードしてレシーブ地点への前進を防ぐことはできない。

◎攻撃側は、ボール保持者をねらってくる敵をガードすることができる。

◎前パスは１回だけしてもよい。

◎パスは自分の陣地からしかできない（センターラインを越えてのパスはできない）。

※反則があった場合のペナルティは、子どもたちとの相談で決める。

※その他のルールの追加や変更については、子どもたちとの相談で決める。

★指導のポイント

　子どもたちとゲームをしたり、見たりしながら、ルールを確認したりつくったり修正したりしていくことが大切である。

　また、子どもたちがゲームの中でどんなふうに攻めているか、特に２人目の役割についてコーチがどんなアドバイスをしているかな

ど、観察しておき、次時の指導に役立てる。

２．第２〜４回目：２人の役割を考えて、攻め方をうまくなろう

（1）本時のねらい

・攻めの２人目の役割を知る

・それぞれの役割がわかってゲームができる

・意図的に空間をつくる技術「フェイント」を学ぶ

（2）授業の流れ（パスなし・ラン作戦の学習）

①攻めの時、２人目がどう動けばいいかを考えよう。

・ただ立っていたり、後ろから追いかけているのは意味がない

→どんな風に動けば、QBが前に進めるだろう？

②グループで話し合いながら、練習してみる。

・道をつくってあげるといい

・DFが来ないようにガードすればいい

③DFをガードして、ボール保持者の通り道をつくるという２人目の役割をたしかめ、グループで練習する。（２人目＝センター、以下C）

④それぞれの役割を理解し、ゲームをして陣地を広げる。

★ラン作戦での動き方について

　子どもたちは２人での攻めとなると、パスに気持ちがとられやすいが、アメフトの基本はランであることに気付かせたい。なぜなら、前パスは失敗すると進んだ距離は０mになる。それに対して、ラン作戦はタッチダウンできなくても、２人の攻めの動きで前に進める可能性が高い。何よりも、QBをできるだけ前に進めるという考え方を身に付けるためにも、ラン作戦ではしっかりとCの役割を

ボール運動（フラッグフットボール）

理解して動けるようにしたい。

★指導のポイント

　QBを前に進めるために、DFをガードして道をつくる＝空間をつくり出すのがラン作戦の基本である。そのためには、スタート後DFに場所をとられないように、Cはすぐに動き出す必要がある。その他にも、以下の点についても子どもたちの様子を見ながら指導していきたい。

・２人の動き出すタイミング、Cが先に出る
・進む方向の打ち合わせをしておく
・ガードに入る場所はDFの横
・ガードをした後も走って道を守り続ける
・DFの動きに惑わされない

★意図的に空間をつくる動き

　フラフトのおもしろさの一つに、「だます」「読む」ことがある。これは、QBやCの動きによって、DFをだまし、意図的に空間をつくって作戦を成功しやすくする技術である。またDFがそれを「読む」ことで前進を止め、そうすると攻めはまた新たな動きを考え、DFの動き方に応じた作戦の工夫をしていく。これが読み合うおもしろさとなって子どもたちの意欲をかきたてていく。

　このQBランの学習段階では、DFを１人にしているため、Cがうまくガードに入れるようになれば成功する確率は高い。しかし、運動技能が低い子には、一瞬でガードに入ることが難しかったり、入れてもすでにDFが迫って来ていてQBの通れる道がかなり狭くなっていたりすることがある。そのため、QBがフェイント（例・左に行くと見せかけて右に行く）をかけることでDFを揺さぶり、空間をつくり出してCが入りやすくする。（図３）そうしてどの子も自分の役割を果たし、前に進むことができた喜びを味わうことがで

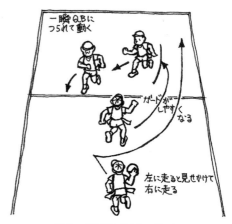

図３　QBランのフェイント

きる。パス作戦でもフェイントは有効であり、全体でおさえたい大事な技術である。

３．第５・６回目：パスを成功させるためのポイントを学習しよう

（１）本時のねらい

・パスを成功させるためのポイントを知り、有効なパス作戦を立てることができる。
・どんなパスが有効かを見つけて練習する。

（２）授業の流れ

①パスを成功させるためのポイントは何か考える

②パスをするまでに時間がかかるとどうなるかを考える

③素早くパスを通すために、パスを受け取る場所を決めておく（図４）

7	8	9
4	5	6
1	2	3

● C　　　↑
◎ QB　センターライン

図４　パスを出す場所の区分け
（横三列で１・２・３として、「左１」「右３」などの表し方をすることもできる）

103

④誰に、どんなパスなら有効かをグループで調べ、パスキャッチの練習をする

★指導のポイント

　パスを学習すると、すぐに出てくるのが「ロングパス」である。しかし、タッチダウンをねらったロングパスは難しく、２：２であるためQBがパスを出すまでにDFにフラッグをとられてしまう可能性も高い。そのため、手前のゾーンへの「ショートパス」の有効性に注目させたい。また、「１の所でキャッチするよ」「スタートして３秒後に４にパスするよ」など、受け取る場所とタイミングをあらかじめ練習して決めて置くことで、QBが「いつ」「どこに」パスをすればよいか見通しがもて、パスが通りやすくなる。

★たしかめゲームでは？

　パスを学習した後、ゲームをしてたしかめるが、その時、２：１でパスを通りやすくしているとは言え、DFがCにぴったりついてしまうとパスが出しにくくなる。そのため、ここでのたしかめゲームは、ラン作戦も組み込んでいくようにさせた方がよい。また、学習していく中で、パス作戦は確実性に欠ける作戦であることも理解させ、パス作戦とラン作戦を組み合わせたり、フェイントとして使ったりしていくことを考えさせていくきっかけにしたい。

4．第７・８回目：意図的に空間をつくって攻めよう

（１）本時のねらい
・２人の守りを突破するため、作戦図や記録表を使って考えて攻防ができる
・作戦を考え、意図的に空間をつくって攻めたりそれを守ったりできる
・ゲームの分析→作戦の修正と練習といった学習スタイルを身に付ける

（２）授業の流れ
①２人になった守りを突破するためにどうしたらいいかを考える。QBがどこを走る・どこに投げるなどをCが知っていること、そのためにCはどう動くかをたしかめること。
→作戦の必要性
②攻撃の作戦をつくろう。（作戦カード・図５）
③攻撃するときの２人の役割は何か考えよう。
④作戦通り動けるように練習しよう。
⑤ゲームで実行してみよう。
⑥ゲームを分析しよう。（作戦記録表・図６）
⑦うまくいかなかったところを修正し、練習しよう。

★指導のポイント

　この学習で使用する作戦カードと作戦記録表は次のようなものである。

【作戦カード】（図５）

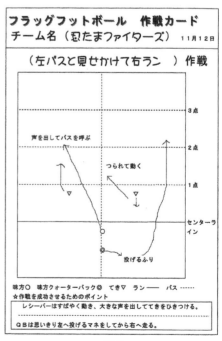

図５

ボール運動（フラッグフットボール）

作戦を考えやすくしたり、分析したりするために重要である。はじめは動きを矢印で記入する程度だが、少しずつ「ガードの方向」や「それぞれの走り出すタイミング」「投げるタイミング」などを言葉で書くようになってくる。カードだけではわかりにくい場合は、ミニホワイトボードとマグネットで動かしたり、実際のコートで動きを確認したりする。

【作戦記録表】（図6）

コーチ（外で見ていたチームのメンバー）が1回ごとの攻撃を見て、まずはコートの「どこまで進めたか」を記録し、「作戦通り動けたか」「なぜ作戦が成功（失敗）したか」を記入する。

こういった分析をていねいに行うことで、「次はこのポイントに気をつけて」とか「次はこの作戦を使おう」といった実際の場面での作戦選びや実行に役立つ。また、「作戦の修正」「どうしたらうまくいくか」「どんな練習が必要か」といった主体的な練習への大切な資料となる。

作戦記録表　チーム名（スーパーミラクル）		
11月12日　○…得点がとれた　×…得点がとれなかった		
作戦名	○か×	うまくいった理由やいかなかった理由
左ラン	○	あおいさんがフェイントをしたので、りょうさんがうまくガードに入れた。
左パス	×	まきさんがあおいさんにぴったりついていたので、ゆうさんのパスが通らなかった。
右ラン	○	あいさんがうまくガードしてくれたから、りょうさんが楽に走れた。

図6　作戦記録表

★意図的に空間をつくる動き②

攻撃で意図的に空間をつくり得点をあげるためのポイントは、これまでにラン学習とパス学習で行ってきたことが土台となる。内容としては、

・2人の役割分担と共通理解・DFの動きの想定
・相手をだまし、空間をあけるための動き
　左ランと見せかけて右ラン
　右パスとみせかけて左パス
　左パスと見せかけて右ラン（図7）

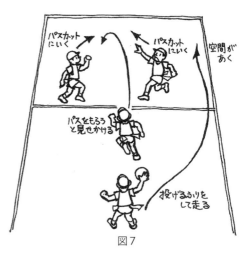

図7

※QBランの学習で学んだ「フェイント」が、パス作戦が入ったことでさらに広がることに気付かせたい。

・ガードをする時の位置や向き
・パスをもらう人の位置や動き
・パスをもらう人の向きやタイミング
　などが考えられる。

こうしたポイントをもう一度たしかめながら作戦づくりを行うようにアドバイスする。2人の意図的な動きで空間を空けられるかどうかが、攻撃の課題となってくる。作戦が立てられたら、作戦通り動けるようにチーム練習を行い、成功率を高めていく。

★作戦づくりとゲーム

①チームの作戦を3つか4つ作って作戦カードに書く（多いと練習や分析ができないので）。
②ゲーム形式でチーム内練習をする。
③他チームとゲームを行い、作戦が成功する

かたしかめる。

★ゲームの進め方

①作戦タイム（ハドル）　作戦の確認

②プレーとコーチの分析

③作戦タイム　反省と次の作戦の確認

④プレーとコーチの分析

※ゲームが終了したら、相手チームとのアドバイスタイムを設ける。

◎コーチの役割と学習

　コーチがよければプレーの分析や役割の認識が高くなり、チームは強くなっていく。実際のプレーを再現するなどして、分析の仕方をみんなで学ぶことが必要である。

⑤ビデオによる動きの分析

　本当に作戦通りの動きができていたかを分析するためには、ゲームをビデオで撮っておくとよい。そうしておいて、作戦カードや記録表と照らし合わせながら見ると、作戦のでき具合や成功失敗の原因などが一目でわかるので有効である。

5．第9・10回目：守りの学習→攻撃の学習

（1）本時のねらい

・守りの強化→攻撃の強化を繰り返し、質の高い作戦をつくり、実行することができる。

（2）授業の流れ

①他のチームから上手な守り方を見つけよう。

②強くなった守りを突破するための作戦をつくろう。

③他のチームから上手な攻め方を学ぼう。

★守りの学習

　作戦を立て練習していくと、まずは作戦成功数の増加が見られる。しかし、ある時期に

なると成功数は横ばいもしくは減少してくる。これは、子どもたちの守備の意識が高くなり、攻撃に対してすばやく反応できるようになるからである。

　どこかのチームのDFがうまくなってきたら（そういう状況にならなければ意図的に指導）、その方法を紹介してDFの強化をしていく。そうすることで一段高い質の攻めが生まれてくるのである。

★攻めの学習

　攻撃に対して反応が速くなったDFを打ち破るためには、よりすばやい動きやフェイントを使っての空間づくりが必要になる。そこで、より質の高いプレーを求めるような練習が展開されるようになる。スピードやタイミングで相手をうまくだまして作戦が成功した時、チームとしての雰囲気は最高に盛り上がる。そんな盛り上がりのある学習が展開できるように、コーチの分析力もしっかり育てていきたい。

6．第11・12回目：今までの学習をいかしてリーグ戦をしよう

（1）本時のねらい

・状況や点数に応じて、作戦を選んで組み立てながら実行し、リーグ戦を楽しむことができる。

・リーグ戦の運営、ルール、審判などを相談して決め、協力してリーグ戦を自分たちで運営することができる。

★指導のポイント

　ここでは、指導のまとめとしてリーグ戦を行う。今までチームで作ってきた作戦の有効性を確かめ、練習の成果を発揮する場ということを意識させたい。勝敗がかかることで子どもたちが燃え、そのことが分析力や主体的

な学習のエネルギーとなっていく。だから、できるなら中間リーグ戦も行い、そのエネルギーを利用して学習を一気に深めていくとよい。

　そして、みんなで協力して主体的にリーグ戦を運営できるような力も同時に高めていきたい。審判や記録の仕方などもできる限り自分たちでできるようにしたいものである。

　また、勝敗を決めるためのルールをどうするのかについても話し合わせたい。フラフトの場合、勝敗基準は、勝ち数・得点数・作戦成功数などが考えられる。どの基準で勝敗を決めるのかによって、作戦の選び方やリーグ戦の様相も変わってくる。勝敗基準について子どもたちと話し合うことは、この時期の子であっても非常に意味のあることである。

★3：3のフラフト

　中学年では、2：2のフラフトミニゲームで学習内容としては十分である。だが、時間的に余裕のある場合は、高学年へのつなぎとして3：3のゲームに挑戦してみるのもよい。ゲーム人数が1人増えることにより、作戦をたて、実行するための動きが非常に複雑になり、子どもたちは混乱する。またゲーム分析も難しくなるのは言うまでもない。だが、作戦のバリエーションが2：2とは比較にならないほど広がり、魅力的な学習内容を含みこんでいることは間違いない。ゲーム人数の重要性に気付かせるのもよいだろう（コートの横幅は、2：2より広くしないと攻撃が成功しにくい）。

Ⅵ．評価

〈できる〉
・ゲームの中で空いている空間を意図的につくって攻める作戦を実行することができる。
・相手の作戦を予想して2人で守ることができる。

〈わかる〉
・2人で動いて意図的に空間を空けて攻めるための動きがわかってつくれる。
・攻めの前進を防ぐためにはどうすればよいかがわかる。
・攻めや守りの作戦の役割や成功のためのポイントがわかる。

〈学び合う〉
・作戦の分析をして、それを生かしてアドバイスしたり練習したりすることができる。
・チームで作戦図や記録図表を使って主体的に学習〈作戦づくり→ゲーム→ゲーム分析と作戦の修正→練習〉していく学び方ができる。

第2章　小学校中学年体育の授業プラン

ボール運動
（ラグハンドボール）

Ⅰ．教材について

　ラグハンドボールとは、ラグビーとハンドボールの要素を組み合わせたボールゲーム（以下、ラグハンド）である。

　コートやルールはハンドボールとほぼ同じであるが、大きな違いはラグビーのように「ボールを持って走ってもよい」というルールに変えているところである。

　ボールを持って走ってもよいので、ドリブルやパスを使った中盤場面での混乱が少なく、シュート局面の学習にとても適している。

　また、既存のゲームではないので、ルールに対する固定観念も少なく、中学年の子どもたちに考えさせたい「みんなが楽しめるルールづくり」の学習にも発展できる。

　ゲーム様相としては、シュートやパスの失敗を機会に攻防入り乱れることになる。そこで低学年では難しかった「パス」の習熟が必要になってくる。パスを投げる・受けるという技術を高めることが必要不可欠である。

　もちろん、一番楽しいシュート成功の場面も多く取り入れることが、子どもたちの達成感・満足感につながるので、そのことにも十分配慮していきたい。

　まずは、オールコートでのゲームを経験させたい。そこでダンゴ状態のゲームからスタートし、ゲーム様相を発展させていくことを通して、空間の認識を育てていきたい。

　また、オールコートのゲームでは学びにくい「ゴール前の空間の奪い合い」という内容については、ハーフコートの学習も紹介している。

　本教材は学習内容が豊富な為、発達段階に差のある3、4年生で次のように学習内容を分けてもよい。

　ゲーム学習のスタートとなる3年生では、オールコートで様々なゲーム様相を経験的に学ばせ、みんなが楽しめるルール作りに取り組む。

　そして、時間と空間の認識の進んだ4年生ではゴール前の攻防に特化したハーフコートの学習を進めるというように、学校内で系統立てて実践できると、子どもたちにとっても無理なく学習が進められるであろう。

　また、このラグハンドで学んだことは、高学年でのサッカーやバスケットボールといった「攻防入り乱れ型」のボール運動へとつなげていくことができる。

Ⅱ．ねらい

〈できる〉
・シュートができる空間を意識して走り込んだり、パスを出したりすることができる。

〈わかる〉
・空いている空間を使って攻めると効果的だということがわかる。

〈学び合う〉
・グループで作戦を考えたり、アドバイスをしあったりできる。

ボール運動（ラグハンドボール）

Ⅲ．学習の全体計画（3年生）

	時	ねらい	内容
第1次	1・2	・ラグハンドについて理解する。 ・どのようなグループを作るのがよいかを考える。	①ラグハンドの紹介をする。 ②仮グループでためしのゲームを行う。 ③アンケートをして、みんなの願いを共有する。 ④みんなの願いを結実させるラグハンドのチームづくりを考える。
第2次	3・4・5	・シュートの技術を高める。 ・オールコートのゲームを経験し、よく見られるゲーム様相を理解する。	①シュートゲームを行い、どの場所から、どこを狙って打つとシュートが決まりやすいかを考える。 ②オールコートのゲームで初期にみられるゲーム様相「ダンゴ」「ワンマン」「居残り」についてまとめる。
第3次	6	・ここまでのゲームの振り返りをする。みんなが楽しむために必要なルールを考える。	①みんなの願いが生かされたゲームになっているかを話し合う。 ②歩数制限やパス制限など、みんなが楽しめる新しいルールづくりをする。
第4次	7・8・9	・新しいルールでのゲームはどう変わるのかを知る。 ・新ゲームでは、どんな技術が必要かを考える。	①新しいルールでのゲームを行う。 ②グループごとに必要な練習を考え、グループ練習を行う。
第5次	10・11	・みんなが楽しめる大会の運営をすることができる。 ・練習してきた動きがゲームで実行できたか確かめたり、他のグループのいい動きが分かったりする。	①まとめのリーグ戦を行う。 ②ゲーム後に、グループで作戦会議の時間を設ける。

【基本的なルール】

・時間：前後半それぞれ2～3分

・人数：4人対4人（キーパーを含めて）

・ボールを持って何歩でも走ってよい。
（ゲーム様相に合わせて、制限していく）

・半円のゴールエリアには、キーパーしか入れない。

・得点が入ると攻守が入れ替わり、センターからゲームがスタート。

・エンドラインから出たボールは全てキーパーボール。

・サイドラインから出たボールは、出た所から相手チームのスローイン。

・相手の体や、持っているボールにふれてはいけない。

・キーパーの交代は、ゲームが止まった時に行うことができる。

109

第2章　小学校中学年体育の授業プラン

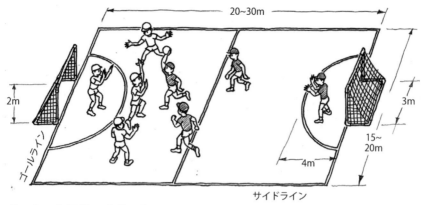

ボール：0号ドッヂボール

Ⅳ．授業プラン

1．第1〜2時

（1）ねらい
・ラグハンドについて理解する。
・どのようなグループを作るのがよいかを考える。

（2）授業の流れ

1）ラグハンドの紹介
　ラグハンドのVTRがあれば、それを視聴し（なければハンドボールでも可）だいたいのイメージを持たせる。

2）ためしのゲーム
　生活班などで実際にゲームを行い、基本的なルールやゲームに必要な技能について確認する。

3）アンケート
　アンケートでは、ボール運動についての経験や思い、自分の技能について尋ねる。そして、どのようなゲームがいいかという願いを出させる。おそらく「シュートをいっぱい決めたい」「ボールにいっぱい触りたい」「痛くないゲームがいい」といった願いが出される

ことが予想できる。

4）チームづくり
　みんなの願い「誰もがボールを持って、シュートができるゲーム」を結実させるラグハンドのチームづくりを考える。
　子どもたちの中からリーダーを選出してメンバーを考えさせたり、配慮が必要な児童がいる場合には、教師主導で決めたりするなど、集団の実態に合わせてチームづくりをする。

2．第3〜5時

（1）ねらい
・シュートの技術を高める。
・オールコートのゲームを経験し、よく見られるゲーム様相を理解する。

（2）授業の流れ

1）シュートゲーム
　キーパーと1人対1人のゲームを行い、どの場所から、どこを狙って打つとシュートが決まりやすいかをみんなで考える。
　授業の前半には、グループごとにこのシュートゲームを行う。
　学習を進める上で、「守備が目の前におら

ボール運動（ラグハンドボール）

ず、キーパーと1対1の場面ではある程度、シュートが決められる」という段階までシュート技能を高めることが不可欠である。シュート技能が低いままでは、ボールゲームの一番の醍醐味であるシュート成功を全員に達成させることが難しい。

②③④がシュートが入りやすいね

四隅（①③⑦⑨）が入れやすいね。
特に⑦と⑨は、取りにくいみたい。

2）オールコートのゲーム

初期に見られるゲーム様相としては、大きく分けるとこれら2つが考えられる。

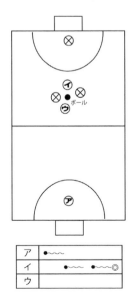

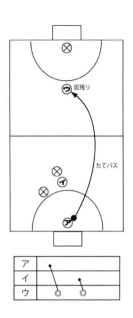

3．第6時

（1）ねらい

・ここまでのゲームの振り返りをする。
・みんなが楽しむために必要な新しいルールを考える。

（2）授業の流れ

1）これまでのゲームの振り返り

現在のゲームが、みんなの願いが生かされたゲームになっているかを話し合う（VTRを視聴しながら、誰がどれくらいボールを持っているか、シュートをしているかを調査するのもいい）。

おそらく、「ボールを一人占めされるから、全然ボールが回ってこない」「守備だけをしておくように言われた」「シュートが入らないからおもしろくない」といったワンマンプレーや技能、ルール等についての不満が噴出することが予想される。

2）新しいルールづくり

ここで、みんなが楽しむことのできる新しいルールづくりを考えていく。

ワンマンプレーを解消するには、「歩数制限」のルールを設定するのがよい。ハンドボールのように、「ボールを持って歩くのは○歩まで」というルールである。

みんなで仮の歩数を決め、この後のゲームで試行しながら、話し合いを重ねて歩数を調整していく。

また、シュート技能が高まっていない子の中には、まだシュートを成功させていない子もいると思われる。その子の技能の責任にするのではなく、「みんなが楽しめる」ために、これからどのような学習が必要かをみんなで再確認する必要がある。

4．第7～9時

（1）ねらい
・新しいルールでのゲームはどう変わるのかを知る。
・新ゲームでは、どのような技術が必要かを考え、グループで練習に取り組む。

（2）授業の流れ
1）新しいルールでのゲームを行う。

歩数制限のルールを設定したとたん、ゲーム様相が大きく変わることになる。

今までは、上手な子がボールをずっと持っていることが多かったが、持って数歩進んだところで、止まらなければいけなくなる。そこで、必要となってくるのが「パス」である。

これまでのゲームでもパスは出ていたが、困った場面でのパスが多かったであろう。

しかし、ここからはパスの出し手・もらい手ともに、より効果的なパスの方法を考えていかなければならない。

また、それに伴って守備側の意識も大きく変わることになる。

歩数制限がかかると、残りのプレーは「パス」か「シュート」しかない。そこで、パスカットを狙う守備の仕方が生まれてくる。

パスが多用されることにより、よく見られるゲーム様相は以下のようなものに変わっていくことが考えられる。

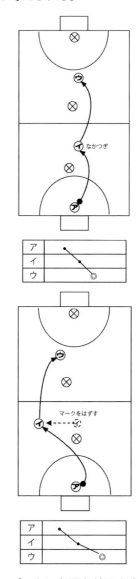

2）グループごとに必要な練習を考え、グループ練習を行う。

新ルールでは、ゲームの展開も速くなり、なかなかついてこられない子も出てくることが予想される。

ボール運動（ラグハンドボール）

そこで、各グループで簡単な攻め方「作戦」を設定する。どこに動いたらいいかわかりにくい子も、動きが決められていると、それに合わせて動くことができる。

グループでその作戦の動き方を練習する時間を確保し、全員がその動きのねらいをわかってできるようにしていく。

5．第10〜11時

（1）ねらい
- 練習してきた動きが実行できたか確かめたり、他のグループのいい動きが分かったりする。
- みんなが楽しめる大会の運営をすることができる。

（2）授業の流れ
1）まとめのリーグ戦を行う。

これまでの学習を生かして、有効なパスを使いながらゴールを目指すことが大きなねらいとなる。

そして、大会運営をできるだけ子どもたちの手に任せる。例えば、実行委員を募り、開閉開式で選手宣誓や優勝杯授与などの企画を相談しながら作り上げていく。勝敗を競い合うだけでなく、自分たちでスポーツを楽しむ力を育んでいきたい。

2）グループで作戦会議の時間を設ける。

ゲームが終われば、グループごとにゲームのふり返りを行い、作戦を確認したり、動きを修正したりして、次のゲームにつなげていくようにする。

また、他のグループの攻撃にも着目させ、有効なパスや効果的な動きを、みんなで共有していく。

Ⅴ．コートの特性と学習内容

これまで、オールコートでの学習について説明してきたが、オールコートでは速攻型のゲーム様相が多く、「ゴール前での空間の奪い合い」という内容を学ぶ機会が少ない傾向がある。

そこで、その内容をじっくり学ぶことのできるハーフコートでの実践も積極的に行われている。

ハーフコートのゲームでは、オールコート以上に、ゴールエリアの周りでダンゴ状態が生まれる。そこで、「どのように動けば、ゴール前のシュートが決まりやすい空間にボールを運べるか」という内容を中心にした学習を展開できる。

【基本的なルール】
- 攻撃チームと守備チームに分かれ、ゲーム時間内は攻守交代しない。
- 時間：攻撃それぞれ2〜3分
- 人数：攻撃2人守備3人（キーパー含む）
（バックパスの学習の際には、バックパスの受け手として、攻撃側も3人になることがある）
- ボールを持って何歩でも走ってよい。
（オールコートでのゲームと同じく、ゲーム様相に合わせて、制限していくとよい）
- 半円のゴールエリアには、キーパーしか入

れない。
- 得点が入っても、攻守は入れ替わらず、時間内は何回でも攻撃できる。センターからゲームがスタート。
- エンドラインやサイドラインからボールが出たら、センターからゲームを再開。
- 相手の体や、持っているボールにふれてはいけない。
- キーパーはそのゲーム中は交代しない。

「どのように動けばゴール前のシュートが決まりやすい空間にボールを運べるか」といった動きを子どもたちに考えさせてもよいが、考えつくことが難しかったり、複雑な動きなので、全員が理解するには難しい。

そこで、こちらから有効な動きをいくつか（ここでは３つ）提示し、グループごとにそれを試していくことで、「ゴール前のダンゴ状態を解消してシュートをする」ということをみんなで追求してく。

【有効な動きの例】
（実線は動き・点線はパスを表す）
①真ん中パス作戦

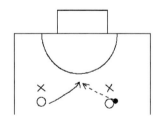

②逆サイドパス作戦

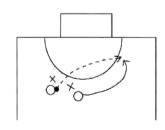

③逆サイド周りパス作戦

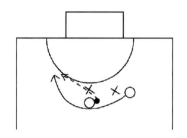

どの動きも、ボールを持っていない子が空いている空間に走り込んでいき、そこへ向けてボール保持者がパスを出し、ボールを受ける動きとなる。

このように、動きながらパスを受け取ったり、動いている人に向けてパスを出したりという高い技術が必要となるので、グループでの練習時間をたっぷりと保障し、全員がパス技術を確実に身につけていくことが必要となる。

また、攻撃が行き詰まったときの「攻撃の立て直し」として、バックパスの動きも学習することができる（その際、バックパス役として攻撃側の人数を１人増やす。ただし、センターラインを越えて攻撃に参加しない）。

さらに、このハーフコートの学習を、オールコートの学習の中に組み入れることによっ

ボール運動（ラグハンドボール）

て、子どもたちの空間認識を高めることができる。時間数に余裕があれば、ぜひおすすめしたい。

VI. ゲーム記録

子どもたちが感覚だけでなく、客観的な事実をもとにゲーム分析をするには、以下のようなゲーム記録を取ることが必要不可欠である。

最初は、教師の撮ったVTRを元に、教室で調査を行い、徐々に正確に記録できるようにしていく。実際に運動場などでゲームと同時に調査していく際には、アナウンス係と記録係の担当を決める。

1．触球数調査

誰が何回ボールに触ったか、何回シュートをしたかを簡単に記録するための調査。

中学年の子どもでも、十分正確に記録することができる。

2．心電図

作戦を使った攻撃をふり返るには、このような調査が必要になってくる。

誰から誰にパスが通ったのか、誰がシュートしたのかの調査である。有効でないパスがなかったか、シュート成功の確率等をふり返り、より深くゲーム分析をすることができる。ただ、中学年の子どもたちが全て正確に記録するのは、とても難しい。

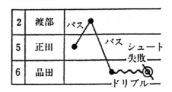

[記録例]

VII. 評価

〈できる〉

・キーパーと1対1の場面では、おおむねシュートを決めることができる。
・シュートができる空間を意識して動くことができる。
・シュートにつながる有効なパスを出すことができる。

〈わかる〉

・自分たちのボールになったら攻めたり、相手ボールになったら、守ったりすることができる。
・空いている空間を使って攻めると効果的だということがわかる。

〈学び合う〉

・グループで作戦を考えたり、アドバイスをしあったりできる。
・ゲーム記録をもとに、ゲームを分析することができる。

第2章 小学校中学年体育の授業プラン

表現運動
（民舞教材：「今別」荒馬）

Ⅰ．教材について

1．小学校での表現運動の取り扱い

　新学習指導要領では、中学年の表現運動は「表現」と「リズムダンス」の内容で構成されているが、「学校や地域の実態に応じてフォークダンスを加えて指導することができる」となっている。民舞もフォークダンスの中の「日本の民踊」に位置づけて指導することができる。

2．同志会の舞踊教材

　同志会では早くから民舞の教材価値に注目し、創作ダンスと並んで重要な舞踊教材として位置づけてきた。したがって、本書シリーズではリズムダンスは扱わず、創作ダンスと民舞を取り上げる。また、中学年の巻では民舞教材を扱うので、表現・創作ダンス教材については高学年の巻をご参照いただきたい。

3．中学年の子どもと表現運動

　中学年の年代は好奇心が旺盛になる時期で、身の周りの社会的認識や自分自身についての認識が深まる時期でもある。脳・神経系発達のピーク期を迎え、体の様々な部位に意識を向けて複雑な運動もできるようになる。また、仲間意識が顕著になり、グループで協力して学習できるようになる。

　表現運動の授業では、対象をより細かく観察して、身体の隅々に意識を向けて模倣したり、より複雑なリズムや振りを覚えて、ダイナミックな表現ができるようになる。反面、仲間からの視線も意識するようになり、表現することを恥ずかしがる傾向も見られてくる。

4．今別荒馬について

　「ラッセーラー、ラッセーラー」のかけ声とともに、笛・太鼓に囃され躍動的に踊る荒馬。この踊りは、青森県津軽半島北部の今別町今別地区に伝わる「今別荒馬」がもとになっている。8月のねぶたの時期に行われる「荒馬祭り」の中で踊られ、女性の手綱取りと男性の荒馬がペアになって踊るのが特徴である。

5．身体技法を内在化させた民舞教材荒馬

　本書で紹介する民舞教材「今別」荒馬は、今別荒馬の現地から習った踊りをベースにしている。そこに「民俗舞踊の身体技法（以下「身体技法」）の学習を意図的に組み込んでいる。

　身体技法とは、民俗舞踊に内包されている特有の「からだの使い方」のことである。民俗舞踊を踊り伝えてきた先人達が、日常生活や労働所作の中で自然に行っていたからだ使いがその底流にある。それらは自然で無駄がなく、体にも無理のかからないものであった。

　しかし、便利な道具や機械に囲まれている現代生活の中で、我々の体からはそれらの技法は失われている。そのため、身体技法を知らない現代人が普段の身体感覚で民舞を踊る

表現運動（民舞教材：「今別」荒馬）

と、民舞とは似て非なる「和風ダンス」になってしまう。したがって、民舞の学習の中には、先人が行っていた身体技法の学習を意図的に配列することが必要だと考えている。

Ⅱ．ねらい

〈できる〉
- からだの様々な部分に意識を向け、重心を上下に振り、からだの重さで地面を踏みながら踊ることができる。
- 馬や扇を操作しながら、踊りの構成に沿って踊ることができる。
- ペアの人と呼吸を合わせたり、一体感を感じながら踊ることができる。

〈わかる（実感する）〉
- 踊る時の縦軸、地面を踏みしめた瞬間のきめどころ（決め所）がわかる。
- 地面を踏みしめた後にはね返ってくる反力を実感したり、その力を受けて次の振りにつなげることがわかる。
- 荒馬の文化的背景（踊りの意味・ねぶた祭りの歴史）がわかる。

〈学び合う〉
- グループ内の二人の踊りを見比べて、その違いに気づいたり、アドバイスし合うことができる。

Ⅲ．評価規準

〈知識及び技能〉
- 一つ踏み（ひとつふみ）、三つ踏み（みつふみ）などの振りの特徴を捉え、民俗舞踊の身体技法に則って踊ることができる。

〈思考力、判断力、表現力〉
- 自分の踊りや友達の踊りを見比べて違いに気づいたり、お互いにアドバイスをしあうことができる。

〈学びに向かう力、人間性〉
- 荒馬の文化的背景や踊りの特徴に興味を持ち、踊りを通しての他者と交流したり、自己を表現しようとしている。

Ⅳ．学習の進め方

　今別荒馬本来の形式は、馬と手綱取りがペアで踊るが、馬の踊りが基本となることや、子ども達はまずは馬の踊りをやってみたいと思うことから、3年生では全員が馬の踊りを学習する計画とする。踊りも今別と同じ順番でなく、少し簡易化したものとする。

　4年生では手綱取りを学習し、今別荒馬の構成で、馬と手綱取りのペアで踊ることを目指す。

　踊りに使う荒馬は、下の様に作る。

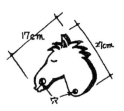

ダンボールを右のように2枚はりあわせる。

竹をガムテープでとめる。

〈完成〉

第2章　小学校中学年体育の授業プラン

3年次計画　全員が馬の踊りを学習する

		ねらい	内容
荒馬と身体技法	1 2 3	○重心を縦軸方向に上下に振る感覚や、からだの重さで踏む感覚がわかる。 ○荒馬の全体像がわかる。 ○足場をつくり、縦軸に踏むことができる。	○民舞につながる運動遊び ・けん玉、トランポリン、昔遊び ○オリエンテーション ・荒馬の踊り、衣装、形式、ねぶた祭りなど ○踏み遊び
荒馬の振り	4 5 6 7	○1つ踏みができる。 ○足場づくりの重要性がわかる。 ○三つ踏みができる。 ○一つ踏みとのリズムの違いがわかる。 ○足踏みができる。	○一つ踏み ○三つ踏み ○足踏み ○ひとまとまりの踊り
荒馬発表	8 9 10	○振りの順番がわかる。 ○あゆみができる。 ○発表構成を理解し、発表に向けて表現の質を高めることができる。 ○見ている人達にも荒馬の楽しさが伝わるように、躍動的に踊ることができる。	○荒馬のお囃子 ○あゆみ ○発表構成、踊り込み ○荒馬発表（運動会）

4年次計画　馬と手綱取りのペアになる踊りを学習する

		ねらい	内容
祭り準備	1 2 3	○学習の見通しを持ち目標を立てる。 ○自分達の手でねぶたや道具を作ることで、発表に向けての意欲を高める。	○オリエンテーション ○ねぶたづくり、道具づくり
荒馬の振り	4 5 6 7	○手綱取りの振りを覚え、馬とペアで踊ることができる。 ○馬の横振りが他の振りとのつながりの中で踊ることができる。 ○振りの順番や馬と手綱取りの関わりを含めた踊りの構成がわかる。	○身体技法を含めた振りの復習 ○手綱取りの振り ○馬とペアで踊る ○馬の横振り ○今別荒馬の構成で踊る
荒馬祭り	8 9 10	○発表構成を考え創ることができる。 ○ねぶたなども含めたお祭りの雰囲気の中で荒馬を楽しんで踊ることができる。	○発表構成を考え創る ○踊り込み ○荒馬祭り（運動会）

Ⅴ．技術の発展過程

〈中心となる舞踊の技術〉

・縦軸にからだの重さで踏む身体技法

〈技術の発展過程〉

①民舞につながる運動遊び

②踏み遊び

③表現の主となる振り（一つ踏み、三つ踏み）

④表現を豊かにする振り（足踏み、横振り）

⑤ひとまとまりの構成

⑥踊り込み、発表

表現運動（民舞教材：「今別」荒馬）

Ⅵ．各時間の内容

1．3年生の内容

（1） 1時間目：民舞につながる運動遊び

　日常的に下記のような遊びをする環境がある場合は、授業として行わなくてもよい。

1）ねらい
・重心を縦軸方向に上下に振る感覚や、からだの重さで踏む感覚を掴む。

2）授業の進め方

○けん玉

　けん玉をする時の膝と足首を柔らかく使って重心を上下させる動作は、民舞の「縦軸に沿って重心を上下させる動き」につながる。

○トランポリン

　トランポリンは縦軸に踏む感覚と、踏む時に体を「締める」感覚を掴むのに有効である。

　慣れてきたら片足でおこなったり、左右の足を切換ながら行う。すると、より荒馬の動きにつながっていく。

　その他、ケンケンパ、ゴム跳び、お手玉などが民舞の前の運動遊びとして有効である。

（2） 2時間目：オリエンテーション、踏み遊び

1）ねらい
・荒馬の全体像がわかる。
・足場をつくり、縦軸に踏むことができる。

2）授業の進め方

○オリエンテーション

　荒馬について、写真や実際に教師が踊って見せることで掴ませる。

・青森県今別町の踊り
・もともとは田植えが終わった後、馬を休ませ感謝し、豊作を願う行事で踊られてきた
・馬と手綱取りがペアで踊る
・ねぶた祭りで踊られる
・町を練り歩き、門付けをしながら踊る
・踊りの振りは「一つ踏み」「三つ踏み」「足踏み」「横振り」の4つの振りで構成されている。

○踏み遊び

・縦軸を意識する

　両足を地面に付けて、けん玉をする時の様に、膝を曲げながら上下に身体を動かす。これが「縦軸」である。体の中に真っ直ぐな軸をイメージするのに、「焼き鳥の串を頭のてっぺんからお尻に向けて刺すよ」といった言葉がけも有効である。

・縦軸に踏む

　次に爪先立ちをして、上げた踵を落としてトンと床を踏む。足首、膝、股関節をやや曲げ、トランポリンの接地の瞬間の様にわず

重心を上げる　重さで踏む

119

かに下肢を締める。

このような身体づかいをすることで、体に負担をかけずに、からだの重さでしっかりと地面を踏みしめることができる。

・足場

縦軸に踏んだ時、足裏の中で1番重さがかかっている所（＝接地点）を意識する。地面との接地点が踵側にあると、軸が傾いて後ろ側に倒れてしまう。

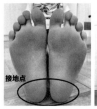

そこで、縦軸が傾かず安定して踏める接地点を探す。だいたい土踏まずの後側に接地点があると、安定して縦軸に踏むことができる。このような接地点を「足場」と呼ぶ。

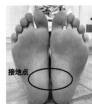

次に、片足ずつ足場を意識して立ってみる。ふらつかずに重心が安定する足場を探る。両足爪先立ちから、片足でトンと地面を踏む。逆足でもやってみる。

足場の上にしっかり重心が乗ると縦軸が安定し、余計な筋力を使わずそ姿勢を保つことができる。この状態を「足場に乗る」と呼ぶ。

重心を上げる　片足で踏む

・探り足

荒馬では、足場に乗るために出した1歩目の足ではすぐ踏まず、重心の位置を探って乗せ、そこから同じ足で重心を持ち上げて踏む。

軸足の切替え　探り足　重心の持ち上げ　踏み

その1歩を「足場の位置を探る足」という意味で「探り足」と呼ぶ。腰にある重心が足場の上に乗っているかを自分の実感によって探る部分で、上図②が探り足となる。また、その位置は一瞬で探り当てすぐに重心を持ち上げなければいけないので、瞬間的に探っていく。

・踏み遊び

踏み遊びは、探り足と踏みを自由に組み合わせて遊ぶ時間である。1歩目で踏んだり、探り足をして踏んだり、向きも自由に、手の振りも自由に。太鼓（タンバリンでもよい）などの生音（「トン トン トン トン…」）に合わせて踏み続けると、次第にお祭りのような気分になる。楽しい雰囲気の中で自由に踊ることを通して、民俗舞踊の最も重要な踏みを身につけさせたい。

（3）3時間目：一つ踏み

1）ねらい

・一つ踏みができる。

・足場づくりの重要性がわかる。

表現運動（民舞教材：「今別」荒馬）

2）授業の進め方
○足場づくり（下肢の動きの学習・練習）

　下肢の動きは踊りの振りの土台であり最も重要な動きなので、動き方や足を置く順番を覚える学習から始める。踊りの土台を固める足場づくりが民舞学習では最も大切である。

　一つ踏みは荒馬の基本の振りの1つ。前時の踏み遊びのなかでもやった、探り足を出した後、その足で1回踏み、足を切替えて次の探り足を出し、その足で1回踏む動きが一つ踏みである。上げた足の足首は、軸足の膝に添えるようにするとよい。口唱歌は「トォイチ、トォイチ、…」がよい。

○上体のきめどころ（決め所）

　足場が固まってきたら、上肢のきめどころを学習する。きめどころとは、地面を踏む瞬間に手首を返すことで上体を締め、その踊りの核となる「形」をきめるところである。からだが締まらないと形がきまらず、踊り全体も締まらない。初めは馬は付けず、手綱（タオルなどでもよい）を両手で持って行うとよい。

　左足で踏む時は左腰斜め前辺り、右足で踏む時は右腰斜め前辺りがきめどころになる。

　手は、「トォ」で腰斜め前へ運び、「イ」の瞬間にきめ、「チ」ではきめを解いて次の探り足の方向へ運ぶ。その時、踏みの反力を上手に受けると手が自然に上方に上がって、頭の方まで大きく動かすことができる。そうすると、よりダイナミックな馬の表現ができる。

○馬を付けて踊る

　足場づくり、上肢のきめどころの学習でやったことを、馬を付けて行う。馬の体（枠）は頭がやや下になるように付けると踊りやすい。

　本来は馬頭に付いた手綱を持って踊る。手綱を持つと、脇が開き、肘を張ることが出来るので、馬頭をより大きく動かす事ができる。しかし、馬頭の操作が難しいので、初めて踊る場合は馬の首を持ってもよい。

馬頭を少し下げる　　手綱を持つ　　馬頭を持つ

　視線は肩越しに馬のしっぽを見るようにすると、体が締まり、きめどころがよりきまる。

（4） 4時間目：三つ踏み

1）ねらい
・三つ踏みができる。
・一つ踏みとのリズムの違いがわかる。

2）授業の進め方

○足場づくり

　三つ踏みは探り足を出した後、その足で3回踏み、足を切り替えて探り足を出して、その足で3回踏む。口唱歌は「トォイチ、ニィ、サン、トォイチ、ニィ、サン、」と唱える。まず、しっかり足場づくりを行うとよい。

　三つ踏みは自然に踏みにも力が入り、力強く踏むために重心を高く上げようとする。結果、より上にとび跳ねているように見える

○上体のきめどころ

　一つ踏み同様、踏んだ瞬間、馬頭は腰斜め前できめどころをつくる。連続で踏む動作によって重心と同じように馬頭を持つ手も大きく上下に動く。左足で踏む時は左腰側で、右足で踏む時は右腰側で上下に振っている様に見える。

○馬を付けて踊る

　初めは馬が思うように動いてくれないが、踏みと下肢・上肢の連動を意識することで、段々と馬が動いてくれるようになるので、焦らずくり返して行わせたい。

（5） 5・6時間目：足踏み、振りをつなぐ

1）ねらい
・足踏みができる。
・お囃子に合わせて踊ることができる。
・振りをつなげて踊る中で、一つ踏みと三つ踏みの質の違いがわかる。

2）授業の進め方

○足踏み

　足踏みは、踊りの始まりの振りで、一つ踏みと三つ踏みをつなぐ振りでもある。

　口唱歌は「トォイチ、トォニィ、トォイチ、ニィ、サン、」と唱える。

・下肢の動き

　前半の「イチ」「ニィ」で左足の斜め前に右足を出し地面を踏む。

　後半の「イチ」で出した右足に、「ニィ」で左足を寄せて踏み、その反力で重心を持ち上げ、足を入れ替えて「サン」で踏みながらきめる。

表現運動（民舞教材：「今別」荒馬）

○お囃子に合わせて踊る

　基本的な振りができたら、生演奏で踊らせたい。本来は締め太鼓と篠笛だが、長胴太鼓とリコーダーでも可。

○順番を覚えて通して踊る

・基本的な踊りの構成

　これまで覚えた3つの振りをつなげて、ひとまとまりの踊りとして踊ってみる。

| 足踏み　一つ踏み　足踏み　三つ踏み |
| 足踏み　一つ踏み　足踏み　三つ踏み… |

　まずは、何回踊ったかという回数は気にせず、この順番でくり返し踊る。順番が体に入ってきてつなぎがスムーズになったら、一つ踏みと三つ踏みではリズムが違いや、それぞれの振りに入る前の足踏み踊り方や心持ちを考えながら踊ってみる。

・一つ踏みは後退、三つ踏みは前進

　一つ踏みと三つ踏みの質の違いをより実感するため、前後に移動する動きを学習する。一つ踏みはやや後ろに後退していく振りなので、探り足を左右のやや斜め後方に出す。

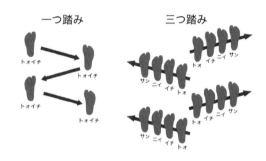

　それに対し三つ踏みは常に斜め前方に進みながら踏む。順番を覚えると同時に、踊りが持つ振りの変化や質の違いの面白さを味わわせたい。

（6）7・8時間目：振りの順番、あゆみ（行進）
1）ねらい
・振りの順番がわかる。
・あゆみができる。またそれを含めて踊りの構成を理解して、通して踊ることができる。
2）授業の構成
○発表の構成

・踊りの順番
　前時にやった順番が基本だが、⑥の一つ踏みの後に足踏みに戻らず、すぐに三つ踏みに行くところに変化があり、荒馬の表現を豊か

123

にしている。これは、今別荒馬本来の順番の半分にあたる。

```
①足踏み　②一つ踏み
③足踏み　④三つ踏み
⑤足踏み　⑥一つ踏み
⑦三つ踏み　⑧足踏み（納め）
```

・最後の足踏み（納め）
　最後の足踏みは、後半の足の切換を行わず、右足で地面を2回踏んで終わる。
・あゆみ（行進）
　基本的な発表の構成は「門付け」。現地の祭りでは、ひとまとまりの踊りを地域の各家々の前で踊り、終わったら次の家の前に行進して踊るというのをくり返す。行進は「あゆみ」といってお囃子も変わり、簡単な振りもある。
　あゆみは下右図の様に足を左右に寄せ足で2歩ずつ歩いていく。馬頭は歩くリズムの合わせて、視線と共に左2回、右2回、左2回、右2回と軽く振りながら行進する。

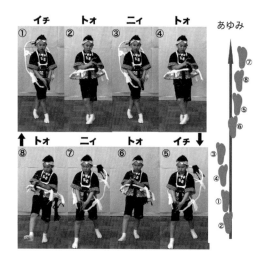

（7）9・10時間目：発表準備、荒馬発表（運動会）

〈あゆみのお囃子〉

1）ねらい
・発表構成を理解して、発表に向けての準備ができる。
・見ている人達にも荒馬の楽しさが伝わるように、躍動的に踊ることができる。

2）授業の進め方
○発表構成例（運動会）

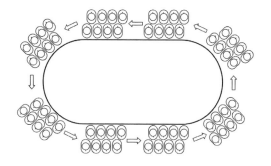

　祭りの門付けを再現するために、グループ毎に隊列を作りって踊り、終わったら次の場所に移動して踊る。これを3〜5回くり返す。最後は全員で大きな輪で踊ってもよい。

○踊り込み、荒馬発表
　構成を覚えた後も、本番に向けて生演奏でくり返し踊り込むことが大事。

運動会当日も「縦軸にからだの重さで踏む」ことを忘れず、荒馬の躍動感や楽しさが見ている人達にも伝わる発表を目指す。

2. 4年生の内容

（1） 1～3時間目：オリエンテーション、ねぶた、道具作り

1）ねらい
・前年の学習を振り返り、今年の学習の見通しを持ち目標を立てる。
・自分達の手でねぶたをや道具を作ることで、発表に向けての意欲を高める。

2）授業の進め方

○オリエンテーション

　前年の学習を振り返り、荒馬のことや踊りの振りや構成について思い出す。今年の学習ではねぶた作りや新しい振りも学習することを知らせ、見通しを持たせる。

○ねぶた作り

　ねぶたの原型は「灯籠」なので、長方形のものであれば比較的簡単に作ることができる。和紙（光を通す紙）にクレヨンで自由に絵を描き、それを木枠に貼って中に灯り入れると、きれいなねぶた（灯籠）が出来上がる。それに持ち手を付けて担いだり、車輪を付けて曳けば、グッと祭りの雰囲気が盛り上がる。

（2） 4～7時間目：前年の復習、手綱取りの踊り

1）ねらい
・前年の学習（身体技法を含む振り、踊りの構成）を思い出し、踊ることができる。
・手綱取りの振りを覚え、馬とペアで踊ることができる。

2）授業の進め方

○前年の復習

踏み遊びや一つ踏み、三つ踏みなどの復習をする。特に「縦軸にからだの重さで踏む」「下肢と上肢の連動」について意識させ復習する。

○手綱取り

　今別荒馬の大きな特徴の一つが、手綱取りと馬がペアで踊ることである。手綱取りは右手に扇を持つ（無ければうちわでもよい）。手綱取りのきめどころは額の右前辺りで、そこに扇をかざしてきめをつくる。

扇の持ち方

扇のかざし方

うちわの持ち方

うちわのかざし方

　手綱取りの振りは大きく2種類ある。一つは、馬の一つ踏み・三つ踏みの時の振りで、足場は一つ踏みと同じ。もう一つは馬の足踏みの時の振りである。馬と同じく足場づくりが重要である。

・基本の姿勢

　足は肩幅ぐらいに立ち、待っている時は馬と一緒に軽く拍子を取る。踊る時は膝をつけて踊ると美しく見える。

・足踏み

　前半は、馬と同じく左足の斜め前に右足を置くように出し地面を踏む。後半も、同じリズムで右斜め前に右足を出して踏む。

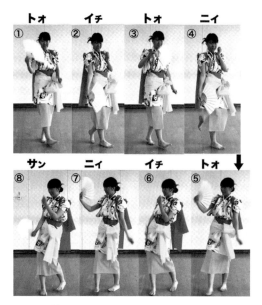

・一つ踏み

　馬の一つ踏み、三つ踏みに合わせて踊る。視線は、左足で踏む時は左手の方を見て、右足で踏む時は右手でかざした扇の方を見る。

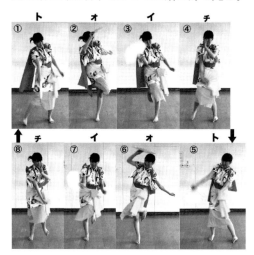

○馬と手綱取りのペアで踊る

　手綱取りの振りができるようになったら、馬とペアになって踊る。お互いの肘を伸ばして握手ができるぐらいの距離に向かい合って構える。振りの順番は下の通り。

| 足踏み　一つ踏み　足踏み　三つ踏み |

　馬が一つ踏みで後退する時は手綱取りが前進し、馬が三つ踏みで前進する時は手綱取りが後退して、同じ距離を保つ。

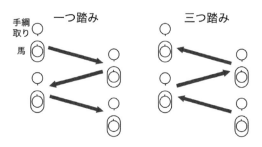

（3）7・8時間目：馬の横振り、踊りの構成

1）ねらい

・馬の横振りが他の振りとのつながりの中で踊ることができる。
・振りの順番や馬と手綱取りの関わりも含めた踊りの構成がわかる。

2）授業の進め方

○横振り

　横振りは、今別荒馬の後半に1度だけ出てくる振りで、踊りにアクセントを加える。三つ踏みの後、後ろを振り向いて立ち膝になり、馬頭を左右に1回ずつ振り、そこから左回りに踏み立ち上がって一つ踏みに続く。

表現運動（民舞教材：「今別」荒馬）

手綱取りは足踏みと同じ振りで、左右に1回ずつ踏む。

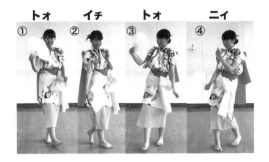

○踊りの構成
　今別荒馬の踊りの構成は下の通り。

①足踏み　②一つ踏み（ペアで回る）
③足踏み　④三つ踏み　⑤足踏み
⑥一つ踏み　⑦三つ踏み　⑧横振り
⑨一つ踏み　⑩三つ踏み
⑪足踏み（納め）

・ペアで回る一つ踏み
　②は下図の様に回りながら踊る。①と②の時は馬頭に付いている手綱を手綱取りが持ったまま踊り、③の足踏みに入る直前に手綱を馬に渡す。

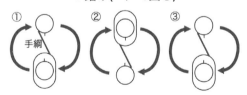

（4）8～10時間目：発表準備、荒馬祭り（運動会）
1）ねらい
・発表構成を考え創ることができる。
・本番ではねぶたなども含めお祭りの雰囲気の中で荒馬を楽しんで踊ることができる。
2）授業の進め方

○発表構成
　踊りの構成は変えず、門付けをする場所や隊列、移動の仕方などの発表構成は子どもと一緒に考え創る。ねぶた祭りでは各家々を回るので、応援席を各家々に見立て、自分達の踊りを見てもらいたい家の前で踊るような構成にすると、よりお祭りの雰囲気を演出することができる。また、最初に作ったねぶたもどのように登場させるか、子どものアイディアを生かしたい。

○踊り込み、荒馬祭り（運動会）
　前年と同様、本番に向けて生演奏でくり返し踊り込むことが大事。
身体技法を含んだ踊りの質にもこだわりつつ、会場内に祭りの雰囲気をつくり、応援席の人達とも一緒になって荒馬祭りを楽しんでもらいたい。荒馬＝祭＝自由であるから、最後は今別荒馬を通してそれぞれが自分らしく思い切り表現できる発表を目指す。

※ 2018年8月現在、YouTubeで今別荒馬保存会が作成した動画（踊り、太鼓、笛）を見ることができる。参考にしていただきたい。

【参考資料・文献】
・全国ダンス・表現運動授業研究会編『みんなでトライ！表現運動の授業』大修館書店、2015年
・進藤貴美子「民舞の身体の使い方」『たのしい体育スポーツ』学校体育研究同志会、2014年6月号

第2章　小学校中学年体育の授業プラン

健康教育
（3年生「睡眠の授業」）

I．すいみんの授業

1．教材について

　生きるものすべてにとって必要な「すいみん」。本来「すいみん」とは、起きている間、休むことのできない脳を休ませ、記憶を整理したり、体を点検したりしながら、明日の活動のための準備をする時間である。

　しかし、忙しい限られた時間の中で、私たちは睡眠時間を削って生きている。それは、子どもにとっても同じである。

「すいみん」は大事にしたいけど、思うようにできない。そんな状況の中、「すいみん」に関わる科学的な知識と、それぞれの「すいみん」の体験を結び合わせることで、「すいみん」とはどういうものなのかを感じ、誰にとっても「すいみん」は大切であることを改めて考えるきっかけとしたい。

　楽しく交流しながら、「すいみん」という見えないものを科学的に見つめる学習を深めたい。

2．ねらい

・人間や動物にとって、「すいみん」とはどんな意味を持つのかを考え、大切さに気づく。
・「すいみん」の科学的なメカニズムを知り、自分の「すいみん」を客観的にとらえることができる。
・「すいみん」に影響を及ぼす現代社会について考えることができる。

3．授業で大切にしたいこと

・教材の中の人物（今回なら、「夜に眠らずに働く人」など）に出会うことで、子どもたちの心を揺さぶる。
・科学的事実を示しながら、授業を進める（国際比較・過去との比較があれば、より分かり易い）。
・子どもの疑問を大切にする。
・様々な課題と社会的背景を結び付けて考える。
・あくまで事実を学習し、考えることは子どもに委ねる。

II．全体計画例

	ねらい
1	動物の眠り方と人間の眠り方の違いを考え交流する。
2	自分の眠り方を客観的にとらえる。
3	「すいみん」を科学的に見つめる。
4	「すいみん」と社会のつながりを考える。
5	眠りを良くするための方法を考える。
6	

III．授業展開

1．1時間目

　めあて：人間や動物はどんなふうにねむるのか考えよう。

健康教育（3年生「睡眠の授業」）

（1）動物の眠る時間クイズを出す。

◆眠る時間が一番長い動物は？

◆眠る時間が一番短い動物は？

◆変わった眠り方をしている動物は？

※睡眠時間中に命の危険が少ない動物と、
　命が狙われる動物では、眠り方が違うこと
　も考えさせたい。人間は前者。

動物の眠る時間の例

20時間	オオナマケモノ・コアラ
18時間	オオアルマジロ
14時間	ネコ・ゴールデンハムスター
13時間	ネズミ・ハイイロオオカミ
12時間	ホッキョクギツネ・ゴリラ
10時間	ジャガー・ベルベットモンキー
8時間	ヒト・ウサギ・ブタ
6時間	ハイイロアザラシ
3時間	ウシ・ヤギ・アジアゾウ・ロバ
2時間	ウマ・ノロジカ

（2）人間はどんなふうに眠るのかを考える。

◆動物の眠り方と似ているところや、違うと
　ころを考える。

◆交流する。

※動物と人間とは寝方が違うことを感じさ
　せたい。

〈例〉

・魚…目をあけて眠る

・フラミンゴ…片足で立って眠る

・ゴリラ…毎日木の上に寝床を作り、朝にな
　ると大便をして去る。

・イルカ…脳を半分ずつ休ませる。

（3）学習を振り返る

　学習して分かったこと、もっと知りたいこ
とを書く（以降、毎時間、次時に紹介する）。

「すいみん」の学しゅう　No.1　　　名前（　　　　　　）

① どうぶつもねむるのかな？
　～どうぶつは、どんなふうにねむっているのだろう？～

ねむる時間が一ばん長いどうぶつは？	ねむる時間が一ばん短いどうぶつは？

かわったねむりかたをしているどうぶつは？

② 人間（自分）はどんなふうにねむるのかな？
　～どうぶつのねむりかたとにているところ・ちがうところを考えてみよう～

にているところ

ちがうところ

気づいたこと

③べんきょうしてわかったこと

④もっと知りたいこと

2．2時間目

　めあて：自分はどんなふうに眠るのか考え
よう。

（1）前時の学習を振り返る。

　感想を読み合い、友だちの感想に興味を持
たせる。前時の復習をし、疑問については口
頭で説明する（以降、毎時間、授業の始めに
行う）。

（2）自分はどんなふうに眠るのかを考える。

◆寝る前にいつもしていることは？

〈例〉

・温かいお茶を飲む。・本を読む。

・リラックスできる音楽を聴く。

・身の回りを整理して、すっきりしてから寝
　る。

・今日の楽しかったことや、明日の楽しみな
　ことを考える。

◆まくらは使いますか？

129

第2章　小学校中学年体育の授業プラン

◆寝る時にふとんを使いますか？
◆寝る時の部屋は明るいまま？　暗くする？

（3）自分の眠り方をワークシートに描き、自分の眠り方を客観的に捉える。

　仰向け、横向き、下向き、布団の被り方、ぬいぐるみを抱いて寝るなど、具体的に絵で描く。

（4）自分の眠り方を交流する。

　教室にマットを運び、ふとん代わりにして、実演し交流すると面白い。

```
「すいみん」の学しゅう No.2    名前(        )
① 自分はどんなふうにねるのかな？

┌─────────────────┬─────────────────┐
│ 1. ねる前にいつもしていること  │ 5.ねる時のようすを絵でかいてみよう！ │
│                 │  頭              │
├─────────────────┤                 │
│ 2. ねる時に「まくら」をつかいますか。 │                 │
│   つかう  ・  つかわない   │                 │
│ 3. ねる時に「ふとん」をつかいますか。 │                 │
│ あつい時  つかう ・ つかわない │                 │
│ さむい時  つかう ・ つかわない │                 │
│ 4. ねる時のへやのようすはどうですか。 │  足              │
│   あかるいまま ・ くらくする  │                 │
└─────────────────┴─────────────────┘
②べんきょうしてわかったこと
┌─────────────────────────────┐
│                             │
└─────────────────────────────┘
③もっと知りたいこと
┌─────────────────────────────┐
│                             │
└─────────────────────────────┘
```

3．3時間目

　めあて：なぜ人は眠るのか考えよう。

（1）人間はなぜ眠るのかを考える。

◆どうして人は眠るのかな？

（2）2種類の眠り方があることを知る。

【すいみんの種類】
・ノンレム睡眠…体も休んで脳も休んでいる睡眠。ノンレム睡眠は、眠りの深さのレベルが1〜4まであり、寝入ってから直後の午後11時ごろに眠りの深さのピークを迎える。その後朝方にかけて、少しずつ浅くなっていく。
・レム睡眠…体は休んでいるが、脳が体を点検している睡眠。この時、目は動いているが、体はだらんとしている。夢もこの時に見る。
※2種類の眠り方が交互に訪れ、眠りの長さによって、ノンレム睡眠の深さが違う事にも気づかせたい。絵や図など、視覚的な教材を用意するとよい。

（3）睡眠と体の成長の関係を知る。

・成長ホルモン…睡眠中に分泌され、骨や筋肉を成長させる働きをするもの。
・メラトニン…夜、暗くなると出るもので、眠気を起こすもの。夜の10時から深夜にかけて分泌がピークになる。

（4）もしも眠らないと、人間の体はどうなるか予想させ、眠らないことで起きる体への様々な症状について考える。

【睡眠と成長ホルモンの関係】
　メラトニンの出される時間と量は、成人の場合と思春期の場合では大きく違いがある。成人では、午前1時から午前3時ごろまでが成長ホルモン分泌のピークであり、その量は約30㎎ほどである。一方、思春期では、その分泌が午後9時ごろから始まり、午後10時から午前1時ごろにピークを迎える。その量は、成人の2倍以上である約65㎎である。さらに、午前2時、午前5時ごろに

健康教育（3年生「睡眠の授業」）

も分泌量が増えている。このことから、思春期には、午後9時から10時ごろに眠りにつくと成長が促されることが分かる。

※絵や図など、視覚的な教材を用意するとよい。

《ねむらないでがまんした人の世界記録》

世界記録は、11日と12分眠らなかった17才の男子高校生。ずっと眠らないで3日目ぐらい経つと、見えないものが見えるなどの症状が表れる。4日目からはイライラが目立ち、寝ていないのに夢を見ているような感覚になり、指の震えが起こって疲れが強まっていたという。でも、記録達成後、14時間40分続けて眠っただけで元気になった。

「すいみん」の学しゅう No.3　　名前（　　　　　）

①みんな（人間）って、こんなふうにねむっていたんだ！
　〜人間にも、2しゅるいのねむりかたがある！？〜

1. 体も休んで、のうも休んでいるすいみんを、
　（　　　　　　　　　　　）という。

2. 体は休んで、のうが体を点けんしているすいみんを、
　（　　　　　　　　　　　）という。

→（　　　）はうごいている。（　　　　）も、この時に見る。

②「〇〇な子はそだつ」！？
　〜「すいみん」と体のせい長のかんけい〜

（せい長ホルモン）…（　　　）や（　　　）をせい長させるはたらきをするもの

（　　　　　　　　）…夜、くらくなると出て、ねむ気をおこすもの

③もしもねむらないと、人間の体はどうなるのかな？

④べんきょうしてわかったこと

⑤もっと知りたいこと

4．4時間目

めあて：夜、眠らずに働いている人について考えよう。

（1）夜、眠らずに働く人たちを紹介し、本来の眠りのサイクルを崩してまで働かないといけない日本の社会について考える。

◆夜、ねないでがんばっている人ってどんな人だろう。

（2）看護師やトラック運転手などにお話を聞く（保護者の中にお願いできる人がいれば、聞くのもよい）。

【看護師のお話の例】

・3交代制（日勤・昼勤・夜勤）で働いている。

・小さい子どもがいるので、出来るだけ夜勤は減らしているが、それでも夜勤が回ってくることがある。

・命を預かる仕事。ミスは許されない。

・夜勤には仮眠室での休憩時間があるが、眠いまま仕事しないといけないことがある。

※学年に合わせて、「眠らない社会」についてどう思うか考えさせてもよい。日本の夜の衛星写真などを用意するとよい。

「すいみん」の学しゅう No.4　　名前（　　　　　）

①ねむらないどうぶつはいないけど・・・
　ねないでがんばっている人ならいる！！

夜、ねないでがんばっている人って、どんな人だろう？

☆お話を聞いて☆

②べんきょうしてわかったこと

③もっと知りたいこと

第2章 小学校中学年体育の授業プラン

5．5時間目

めあて：ぐっすり眠るための工夫・すっきり目覚めるための工夫を考えよう。

（1）ぐっすり眠るための工夫・すっきり目覚めるための工夫を考える。

◆ぐっすり眠るための工夫や、気をつけていることはどんなことですか。

◆すっきり目覚めるための工夫や、気をつけていることはどんなことですか。

```
「すいみん」の学しゅう No.5      名前（          ）
① みんなにとっても「すいみん」は大せつ！！
 ～ぐっすりねむるためのくふう・すっきり目ざめるためのくふうを考えよう！～

 1. ぐっすりねむるためのくふうや気をつけていること
 ┌─────────────────────────┐
 │                         │
 └─────────────────────────┘

 2. すっきり目ざめるためのくふうや気をつけていること
 ┌─────────────────────────┐
 │                         │
 └─────────────────────────┘

② じっさいにやってみよう！
 ～自分の「すいみん」のレベルを高めよう！～
 ☆自分がぐっすりねむり、すっきり目ざめるためにやってみようと思うこと☆
 ┌─────────────────────────┐
 │                         │
 │                         │
 └─────────────────────────┘

③べんきょうしてわかったこと
 ┌─────────────────────────┐
 │                         │
 │                         │
 └─────────────────────────┘

④もっと知りたいこと
 ┌─────────────────────────┐
 │                         │
 │                         │
 └─────────────────────────┘
```

（2）あらかじめ、お家の人にインタビューしておいた「早寝・早起きのひけつ」について交流する。

〈例〉

・温かい飲み物を飲む。

・リラックスできる音楽を聞く。

・ゆっくりお風呂に入る。

・パソコン・テレビの画面を見ない。

・昼間、元気よく体を動かす。

・寝る前に、次の日の楽しみな事を考える。

```
「すいみん」の学しゅう      名前（          ）
お家の人にインタビューをして、聞いてみよう！
インタビューのしかた
※お家の人が、時間がある時にきょうりょくしてもらいましょう。
※聞いたことは、自分でまとめて下に書きましょう。

 「今、学校で、「すいみん」についてのじゅぎょうをしています。そこで、どうし
 たら、早ね・早おきができるか、ひけつを教えてください。」
 ┌─────────────────────────┐
 │                         │
 │                         │
 │                         │
 │                         │
 │                         │
 │                         │
 └─────────────────────────┘
              「ごきょうりょくありがとうございました！」
```

6．6時間目

めあて：自分の「すいみん」のレベルを高めよう。

（1）自分がぐっすり眠り、すっきり目覚めるためにやってみようと思うことを考える。

※前時のインタビューや、友だちとの交流を参考にして自分に合った方法を考えさせる。

（2）自分が眠る時に工夫することや気をつけることを決めて、取り組む。

※すいみんチェックカードなどを活用し、実際に取り組みを行い、検証させる。

132

健康教育（3年生「睡眠の授業」）

すいみんチェックカード　　　　月　　日（　）に必ず持ってきましょう　　　名前（　　　　　　　　　　　　　　　　　　）

	月　　日（　）の夜	月　　日（　）の夜	月　　日（　）の夜	月　　日（　）の夜
ふとんに入った時こく	時　　　分	時　　　分	時　　　分	時　　　分
ふとんに入ってからねるまで	1．すぐにねむれた 2．しばらくしてからねむれた 3．なかなかねむれなかった	1．すぐにねむれた 2．しばらくしてからねむれた 3．なかなかねむれなかった	1．すぐにねむれた 2．しばらくしてからねむれた 3．なかなかねむれなかった	1．すぐにねむれた 2．しばらくしてからねむれた 3．なかなかねむれなかった
朝起きるまで何回目がさめたか	回	回	回	回
ゆめを見た	見た・見ていない	見た・見ていない	見た・見ていない	見た・見ていない
ぐっすりねむれたか	○　・　△　・　×	○　・　△　・　×	○　・　△　・　×	○　・　△　・　×
目がさめた時こく	時　　　分	時　　　分	時　　　分	時　　　分
どうやって起きたか	1．自分で起きた 2．目ざまし時計で起きた 3．起こしてもらった	1．自分で起きた 2．目ざまし時計で起きた 3．起こしてもらった	1．自分で起きた 2．目ざまし時計で起きた 3．起こしてもらった	1．自分で起きた 2．目ざまし時計で起きた 3．起こしてもらった
朝ごはんを食べたか	はい　・　いいえ	はい　・　いいえ	はい　・　いいえ	はい　・　いいえ
すいみん時間を計算しよう	時間　　　分	時間　　　分	時間　　　分	時間　　　分
すいみん時間は足りていると思いますか	1．十分足りている 2．まあまあ足りている 3．少し足りない 4．かなりすいみん不足	1．十分足りている 2．まあまあ足りている 3．少し足りない 4．かなりすいみん不足	1．十分足りている 2．まあまあ足りている 3．少し足りない 4．かなりすいみん不足	1．十分足りている 2．まあまあ足りている 3．少し足りない 4．かなりすいみん不足
調べてみて気づいたこと				

（3）すいみんクイズをし、学習を振り返る。

Q1. 人の体温は、夜になると、だんだんとどうなっていくでしょう。

　1 高くなる　2 低くなる　3 変わらない

正解：2　夜が来ると、人の体温が下がって、眠りやすい体になるから。

Q2. 人の体温は、朝になると、だんだんとどうなっていくでしょう。

　1 高くなる　2 低くなる　3 変わらない

正解：1　朝になると地球に合わせて体温が上がり、血のめぐりがよくなって元気よく体を動かせるようになるから。

　しかし、夜も明るくなってしまうと、自然のリズムが狂ってしまう。人間だけでなく生きものには「体内時計」といって脳の中に時計がある。

　この時計は、夜に光をたくさん浴びたりすると、だんだん遅れてしまう。

　でも、きちんと元に戻す働きもあり、朝、太陽の光を浴びたり朝食を食べて胃腸が動いたりすると、体内時計も地球の時間に合わせる。

【参考文献】
上野山小百合・大津紀子編著『子どもが動き出す授業づくり』いかだ社

第2章　小学校中学年体育の授業プラン

健康教育
（4年生「いのちとからだの学習─生命・成長を学ぶ」）

I．生と性を見つめる

　10歳という節目に当たる4年生では、生まれてからの10年間を振り返ったり、将来の夢を語ったり、親への感謝の気持ちを伝えるなどの、1/2成人式の取り組みをよく聞く。

　しかし、何のためにそれに取り組むのかを考えたい。果たしてすべての子にとって居場所のある授業となっているだろうか。一人ひとりが生や性を肯定的に受け止めることを支えているだろうか。命の大切さを語られても、きっと、生きづらさを抱え、親への感謝をもてない子だっている。押し付けになってはいないだろうか。

　そこで、子どもたちの知りたいことが出発点となる対話の授業の出番である。子どもたちが知りたいことを授業の軸にして、さらに、子どもの知りたいことと教師の教える中身とのずれが起きないように、対話を中心として進める授業をつくった。

　生命や発達・性について科学的な観点で学ぶ中で、自分のルーツを知る。また、保健の授業で扱う第二次性徴を含んだ体の発達についても、ただその現象だけを教えるのではなく、しくみを学ぶ中で知る。そのことで、自らの成長を前向きに受け止め、これからの自分を肯定的にとらえるきっかけとなるのではないかと思い、この授業に取り組んだ。

※国語や総合などで扱う二分の一成人式の取り組みと絡めて、大単元の学習の中で計画した。そのため、この授業は、保健の授業時間だけでなく、国語や総合、道徳、内容によっては理科も活用したものである。
※大単元として取り組むことが難しい場合は、「成長ってなんだろう」のみを取り出して授業ができるように構成している。

II．実践のねらい

・誕生から現在までを知り合い、自分や友だちの成長を確かめ合うことができる。
・成長について学び、外見だけでなく脳や生殖器も成長していることを知る。
・人の誕生と成長、人のからだのしくみと働きを知り、いのちとそのいのちが宿るからだの神秘やすばらしさに気付く。
・大脳のしくみや働きを理解し、人間らしい成長について考えることができる。

図1　ウェビング図

健康教育（4年生「いのちとからだの学習―生命・成長を学ぶ」）

Ⅲ．学習計画

次	小タイトル（時間数）	内容
1	オリエンテーション （知りたいことを出し合う） （2H）	・「いのち」と「からだ」のウェビング図づくり ・図から、いのちやからだに関する疑問を出し合う ・出てきた疑問を整理して、学習計画をつくる
2	いのちのはじまりについて （4H）	・地球上で最初の生命のはじまりを調べる ・自分たちの成長をさかのぼる ①胎児の成長、誕生　②いのちはどうやってできるか ③受精について学ぶ　④「いのちのはじまり」のまとめ
3	成長ってなんだろう （6〜7H）	①成長するとはどういうことか出し合う ②家の人にインタビューをして、「おなかの中にいたころ」「生まれた時」「生まれた後の話」を聞き合う ③身長体重の変化のグラフづくり ④1年生の教室訪問 ※成長のあかしの品を見せ合い、エピソードを紹介し合う ⑤どうやって身長はのびるのか？（骨の学習） ⑥第二次性徴について学ぶ ⑦大脳のしくみや発達について学ぶ
4	いのちの終わり（死） （2H）	・人生のステージを5つにとらえて死を考える ・色々な生き物の寿命と日本人の寿命、死因を知る ・絵本から死について考える
5	いのちとからだを考える（1H）	・学習のまとめの感想を書く。

Ⅳ．授業づくり

1．いのちとからだの疑問を出しあう
　　―オリエンテーション「いのちとからだ」

（1）ウェビング図作り（図①）

「いのち」と「からだ」という言葉からうかんできたことをどんどんつないで書いていく。

　子どもたちが出してくるキーワードは多岐にわたるが、出してきたものをできるだけ書いていく。

　例…「いのち」から『生・死』『生まれる』『母』『一つ』『大切』など、「からだ」から体の各部位、『成長』『脳』『人』など。

　できあがったウェビング図からは「いのち」の中で『父』が出てこなかったり、「（命は）とつぜん生まれる」など、いのちやからだについて不思議だと感じている子が多いことがわかる。

（2）疑問を出しあって学習計画を作ろう

　ウェビング図をもとに知りたいことを出し合い、ベスト5を選んで自分たちの学習計画をつくっていく。疑問の中で多いのは、
・なぜ命は一人に一つなのか

- 何で赤ちゃんは女の人から生まれる（男から生まれない）のか
- なぜ男女でからだのつくりがちがうか、どんなふうにちがっているのか
- なぜ身長がのびるのか
- なぜ年をとるのか、なぜ死ぬのか

　他にも、命のできる過程、人の生まれ方、成長に関する疑問、感情に関することやからだのしくみに関することなどが出されるとおもしろい。また、知りたいことを聞いてもいいのだという雰囲気がこの学習をしていく上で欠かせないので、大事に聞いていきたい。

　ベスト5を集計したものをどう分けるか、教師側の教えたい内容とも少しすり合わせながら学習計画をまとめて、子どもたちの合意を得る。こうして自分たちの疑問をもとにして、ともに学習計画をつくることで、押し付けられた命の学習ではないという感覚をもって、授業に臨むことができると考える。

２．いのちのはじまりを学ぶ

（１）最初の生命

「地球上で最初の生命は？」
　中学年ならどこのクラスでも生まれるであろう疑問である。生命の進化などのビデオや絵本などから解決する中で、人類誕生が地球の歴史から見るととても最近のことであると学ぶこともできる。

（２）私たちのいのちのはじまり

①人のいのちのはじまりの学習にむけて
　まずは「いのちのはじまりはどこからか？」と子どもたちになげかける。そこから、「生まれた瞬間」「母のおなかの中」など出てきた答えから考えを出しあっていく。

②いのちのはじまりはどこから？
　自分たちの成長をさかのぼりながら調べていく。生まれてからの場合は、幼児→乳児→新生児であるが、おなかの中なら「胎児」とよぶことを確認し、「へその緒は誰の血？」「胎児はうんちやおしっこをしているか？」といったクイズを通して胎児の成長・誕生について学んでいく。

　特に、子どもたちも見たことはあるけれど役割をよく知らない『へその緒』が、胎児の成長に必要なものであることが分かると、うれしそうに持ってきてくれる子も出てくる。「お母さんのおなかの中にはちえや工夫がうまれているなと思った」と驚きの声があがる。

　胎児の様子がわかってくると、命が始まったのはやはり母のおなかの中だと思う、という意見が強くなってくる。

　またこの時、筆者のクラスでは、ある子から「どうやって赤ちゃんが傷つかないようにおなかの中でガードされてるの？」という疑問が出て、おなか＝子宮の特徴にもふれることができた。

（３）受精について学ぶ

①いのちが生まれる瞬間
　いよいよ、「いのちはどうやってできるのか」を学習していく。まず似ていない親子の

種子植物の受粉

健康教育（4年生「いのちとからだの学習―生命・成長を学ぶ」）

トンボの交尾

体内受精（ライオン）

犬の写真を見せ、新しい命のもととしての精子と卵子の存在を理解させる。そしてその精子と卵子が合体し、新しい個体が生まれることを「受精」ということを伝える。

②**生き物の受精のしくみ**

　地球上に現れた進化の過程の順に見ながら、体外受精から体内受精へとなり、さらに

体外受精（タツノオトシゴ）

体外受精（サケ）

ほ乳類では子宮で親と同じ形になるまで育てることで、より安全で確実な命の作り方に変わっていったことを学習していく。

③**自分たち（ヒト）の受精のしくみ**

　最後に人間についても、受精のしくみについて学ぶ。受精の様子をとらえたビデオや写真集等[1]を使って、科学的にその様子を伝える。たった一つだけの精子が卵子と出会って命が生まれることを教える。

　子どもたちは「これが自分たちなのか」と実感すると、今度はどうやって出会うことができたのか（性交）知りたがる。『せっくすのえほん』[2]を使ってさらっと伝える。「自動で命ができる」と考えていた子もいるくらい、知る機会がない受精のしくみ。子どもの目線を大切にして学習を進めると、自分のルーツにさかのぼった一つの通過点としての問いかけが自然と生まれてくる。そうすると、巷にあふれる様々な性バイアスがかかっている子も、周りの雰囲気の中で「新しい命を生み出していくための大事ないとなみ」として、ともに学んでいくことができる。

　受精を学ぶと、「自分たちが0.1mm位のものからできたなんてすごい。生物の生命力はすごい」「卵子と精子がないと今僕はいないから…交尾をしないと子どもが生まれないのはとてもびっくりした。何もせずに生まれ

第2章　小学校中学年体育の授業プラン

ると思った」という感想が出た。これら子どもたちの声は、『生む性』に対してまっすぐに学ぶことの必要性を物語っている。

（4）いろんなちがい—染色体と遺伝子

「なぜ男と女があるのか」「なぜ人はみんな違うのか」という疑問について学習する。「遺伝子（DNA）」「染色体」という言葉について、「精子の頭の部分には，父親の姿・形・性格などが記録されたDNAというものがつまっていて、みんなが親と似ているところがあるのは，このDNAのためなのです」と言うと子どもたちの納得が広がる。そしてこのDNAや染色体が男女も含めて一人ひとりのちがいをつくっていることを学ぶ。

【コラム】友だちのことを知ろう

　この学習のとき、筆者のクラスでは、染色体の異常が原因で障がいをもつことになったAさんについての学習をすることにした。

　まずはAさんに対して「何でかな？」と思うことを出し合った。障がいに限らず様々な『ちがい』に直面した時、「なんで？」と疑問をもつことは大切。でもそれを、そのままにして正しい知識を得られずに過ぎていくと、その人を理解することはできない。ちがいをつくるものをまずは『知る』ために、疑問を出してねと伝えると、たくさん出された。

　その疑問をもとに、本などから障害の原因や特徴、行動の理由など（個人差はあるが）を学習した。子どもたちは今まで以上に真剣に学んでいた。

　次の時間には、Aの母にゲストティーチャーとして来てもらい、お話をしてもらった。障害についてだけでなく、A自身のことについても、生まれたころや大手術、成長の

様子などをお話下さり、最後には質問にも答えていただいた。

　こうした取り組みは、単なる「障がい者理解」にとどまらない。だれもが得意なこと苦手なことなどの自分らしさを抱えている。それを認め合ったり助け合ったりしながら生きていけるような、「共生社会」「社会理解」につながっていく可能性をもっている。

3．成長ってなんだろう

（1）10才の子が考える成長とは？

　まず「成長とはどういうことか？」と子どもたちに問いかけ、意見を出し合う。子どもたちは、①体（身長・体重）が大きくなる、②いろんなことを知ったり学んだりしてかしこくなる、③言葉が話せるようになる、④難しい問題も解ける、⑤昔はできなかったことができる、⑥友達や人のことを考えられるようになる、⑦少しがまんができる、⑧苦手なことにも自分からチャレンジできる、など次々に答えてくれる。クラスの雰囲気によっても違うが、第二次性徴のからだの変化のことを出してくれる場合もある。

（2）自分や友だちの育ちを知り合う—つっこみインタビュー

　では、自分たちはどうやって大きくなったのかをインタビューしてこよう、となげかけ、届いたものからどんどん発表していく。「生まれる前」「生まれた頃」「生まれてから」のエピソードを出しあうと、様々なことが見えてくる。「いのちのはじまり」で学習した内容が具体的につながって広がっていく。

　また、言葉の発達や後追い、ごっこ遊びやお気に入りのものが離せない（心の杖）など、楽しく対話するだけでなく、エピソードへの

健康教育（4年生「いのちとからだの学習―生命・成長を学ぶ」）

『発達の意味づけ』もしながら学習をすすめていきたい。

（3）身長・体重のグラフづくり

具体的に成長を確かめるために、生まれた時から今までの身長・体重を調べ、グラフに書き込んでいく。

1〜4年生までの資料は学校の健康診断表を貸してもらって記入できる。それ以外は、家にある母子手帳などを参考にして書いてもらう。ただし、保管していない家庭もあるので、無理に書かなくてもいいという表記をして配慮をすることが大切である。

グラフを見ながら子どもたちは、「1年生の時とくらべて○cmも差がある。成長ってすごいパワーだ」「身長ってなんで伸びるのかな？」などいろいろな意見を出してくれる。

この学習の後、子どもたちからの疑問で多かった「なぜ身長がのびるのか」については、栄養教諭にお願いして、成長軟骨の話を中心に授業に発展させることもできる。身長が伸びるしくみや、骨をのばすもとになる栄養であるカルシウムなどの学習が中心となる。

（4）1年生の教室を訪問―1年生の教室で感じる自分たちの成長

グラフの数字で成長を感じるだけでなく、実際に1年生の教室を訪問して具体的な事物にふれ、自分の成長を実感することは、中学年の発達段階にとって重要である。

また、からだだけでなく脳の成長を実感するためにも、1年生の教科書を少し見せてもらえるといい。1年生担任にミニミニ授業をしてもらうのもおもしろい。

「あの時は難しかった問題が、今はこんな簡単に感じるわ」「机やフックの場所はぴったりだったのに、今は低く感じるなぁ」など、当時と比較した感想が出てくる。

（5）成長のあかし

インタビュー等と並行して、成長のあかしとエピソードを紹介し合った。小さい頃のおもちゃやくつ、服などを持ち寄る。子どもたちは自分でもその小ささに驚き、成長を実感していく。また、小さい頃に書いたり作ったりしたものなどを持ち寄るのもおもしろい。

（6）第二次性徴を学ぶ

子どもたちには、「今まで通り知りたいことは何でも聞いてね」「聞けない時は、後で聞くためにメモしておいてね」と雰囲気をつくってからスタートする。

①最初にスキャモンの発達曲線のグラフ（上）を提示して気づいた事を出させ、神経型やリンパ型など、早い段階から発達する器官

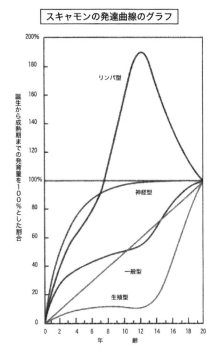

出典：荒井良『子どもと性』（日本書籍）

は生命維持に必要な器官であることや、それに対して性器官（生殖型）は10才前後から成長・発達してくること、それまではほとんど発達していないことをたしかめる。

② 「月経」と「射精」については、『イラスト版10歳からの性教育』[4]を参考に、保健の教科書も適宜使用して進める。

こうした学習をした後は、はじめに出ていた「どうして男の人には赤ちゃんができないのか？」という疑問も、「体内にはできないけど、命のもとをつくっているのだ」と理解が進む。

担任一人では答えきれないことも多いので、できれば養護教諭に協力をよびかけ、授業を観てもらって、一緒に授業をしてもらうといいだろう。

（7）大脳のしくみと人間らしさ

成長についての学習の最後は、大脳のしくみとその発達について学ぶ。人それぞれにもつ感情の違いや豊かさ、正しい行動をしようという「人間らしさ」と言われる部分が、実は大脳とかかわっていることを学んでいく。

①他の動物との脳のしくみのちがい

ネズミやサルの脳は本能に関わる皮質が多いのに対して、人は『フリー』＝大脳新皮質が多いことが分かる。それは、記憶や判断、考えだしたりつくり出したりする力を生み出す部分であり、これが他の動物とはちがうヒトの脳の特徴である。

②ヒトの脳の働き

ヒトの脳のしくみを見せ、前頭葉について取り上げる。ここは、よりよく生きていくた

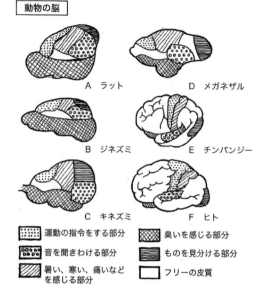

出典：荒井良『子どもと性』（日本書籍）より作成

めの働きをし、物事を想像したり判断したりする部分であり、10才くらいからどんどん発達すると言われている。そのしくみを知ると、子どもたちは「人はそうぞうすることがよくできるから、『これにむかってがんばろう』とか『これをつくるぞ』とかがそうぞうできるから、人間でよかった」「人の脳が最先たんなんてほこらしい！　人ってすごい、人でよかった！」と盛り上がる。

4．いのちの終わり
―人生のステージと死

成長を続けていくと、やがて大人になる。さらにその後はどうなるか、という疑問に答えることはとても難しいが、考える貴重な機会になるため、ぜひ子どもたちとつくってみてほしい。

（1）死はどこに

授業では、みんないつかは死ぬということ

健康教育（4年生「いのちとからだの学習—生命・成長を学ぶ」）

を確認してから、誕生〜死までそれぞれのステージを考え、死のイメージを出し合う。死後のことは誰にもわからないので、死を考えることは生きることと向き合うことでもあることがわかってくる。

（2）寿命と死

ハムスターや犬、カバ、ゾウなど様々な生き物の寿命をクイズ形式で学ぶ。それぞれの生き物に「寿命」があることがわかると、少し安心できる。また、日本人の平均寿命を考える時、「日本人」と限定した理由も考えさせると、「国によっては、戦争や飢えで、長生きできない国もあるからだ…」と気づく。

死因についても提示し、日本は自殺が死因のトップ10に入っていることを知ると子どもたちは驚く（このことを社会問題への窓として発展させ、高学年で取り扱うこともできる）。

また、子どもたちの日記や作文などで、祖父母や親せきなどの葬儀のことを書いたものを読んで、そこから死が遠いところにあるものではないことを話し合っていけるとよい。

最後に絵本「わすれられないおくりもの」（スーザン・バーレイ）を読み、生と死について考えたことを出しあう。

Ⅴ．親とともに学ぶ性の授業へ

今、生や性についての情報があふれている。その一方で子どもたちにとって生と性を自分のこととして結びつけて知り、考える機会が少なくなっている。家庭でも、子どもと性の話ができるチャンスは多くあったはずだが、なかなか親の方が率直に話せていない実態などがあるだろう。

だから、学習の前または途中（成長の学習に入る前など）に、親との懇談会をぜひもちたい。そこでは、まず家庭で出る性にまつわる話や悩みをざっくばらんに語ってもらうとよい。

親の声を聞いた後で、スキャモンの発達曲線（前出）のグラフをみてもらう。脳（神経系）と性器官（生殖型）の発達のアンバランスについて説明し、子どもたちは第2次性徴をむかえる前から、脳（神経系）の発達により、自分自身の外性器や異性への「性」に関心をもつのが当然ということを知ってもらう。

そして授業の進め方についても、子どもたちの問いを中心に科学的に学んでいくことを伝える。

こうすることで、親の意識的な参加を促し、家庭でも話題となれば、子どもたちにとってより本質的な学びに近づくだろう。

また、単元全体の学習計画や保健の教科書なども見てもらいながら、学習内容についての合意も得ておくことが大切だと考える。

ぜひ、目の前の子どもたちの実態に応じて、一人ひとりが前向きに自分の生を受けとめる時間にしていってほしい。

【参考資料】
1）レナルト・ニルソン『A Child is Born　赤ちゃんの誕生』あすなろ書房、ニルス・ダヴェルニエ『赤ちゃんが生まれる』ブロンズ新社
2）水野都喜子『せっくすの絵本』子どもの未来社
3）荒井良『子どもと性』日本書籍
4）啓林館 web サイト
https://www.shinko-keirin.co.jp/keirinkan/rika/jissen/0310/5nen/index.htm(2018．4.7)
5）黒田弘行『性の歴史』農山漁村文化協会
6）"人間と性" 教育研究所『イラスト版 10 歳からの性教育』合同出版
7）学校体育研究同志会編『みんなが輝く体育3　小学校中学年体育の授業』創文企画

おわりに

旧版を発刊してから約15年がすぎ、今回『新みんなが輝く体育2 小学校中学年 体育の授業』を編集しました。当初は「旧版に少し手を加えて…」程度に考えていましたが、第1章も大幅に書き換え、第2章の「授業プラン」は執筆者も内容も一新し、言わば「新しく作り直した」ものになったと思います。そうなった理由は、子ども・教師・学校を巡る情勢が一層厳しさを増してきたことと、そうした中でも「何とか少しでも子どもたちにできる・わかる喜びを分かち伝え、確かな力をつけたい」と全国の仲間が進めてきた実践を知り、それらを世に問いたいと考えたからです。

この15年程で、学校現場は大きく変わってきたように思います。何よりも教師の世代交代が進み、20～30歳代が半数以上を占める学校が増えてきました。「はじめに」でも触れたように、その中で「学校のブラック化」はますます進み、次々に降ろされてくる「教育改革」事業に振り回されています。しかもその「教育改革」事業の多くは、旧「教育基本法」が求めていたような「人格の完成（全面発達）」のためでなく、「経済的有用性」が優先されるようなものなのです。例えば、英語の教科化についても、週2～3回の授業で英語の力がつくとは誰も思っていません。早くから塾や検定、語学留学等々英語・教育産業を中心とした経済効果が目的なのです。そしてその中から1％のエリートを作り出し、グローバル経済の中で活躍する人材がほしいのです。こうした「経済有用性」の影

で、「人格の完成」に必要な文化や科学を学ぶ他教科の時間が削られ、さらには子どもの全面発達には欠かせない時間・空間・仲間が奪われていっているのです。

こうした中でも、同僚とじっくり教育実践について語り、先輩教師から多くのことを学んで、魅力ある研究会・学習会にも参加して「子どもが目を輝かせる授業やクラスづくり」をしたいと考えている教師は多いです。けれど、次々に準備しなければならない「提案文書」、それを作るための会議や官制研修、6時7時を過ぎても鳴り止まぬ電話…。自分のクラスのことも明日の授業の準備も、夜7時8時を過ぎてからとか家に持ち帰って、という日々が続きます。「先生になったらこだわりの授業をやってみたい」「先生になったら、こんなクラスを子どもたちと一緒につくりたい」と描いていた計画（ゆめ）はひとまず横に置き、日々のことをこなしていかなくてはいけません。

そんな日々のことで精一杯な状況では、一つ一つのことに時間をかけていくことはできず、勢い「例年通り」や「マニュアル」「スタンダード」に頼ってしまい、「これが本当に子どもにとって良いことなのか」という価値基準が後傾に回されてしまうのです。

ここに書かれた多くの実践プランも、そうした厳しい状況の中で実際に行われてきた授業を元にしています。それらを丁寧に読んでいくと、「こんなこだわりの授業がしたかった」とか「これならどの子も目を輝かせそう」と思うが、「これだけの時間がかけられない」

143

おわりに

し「学校のカリキュラムに合わない」と思われる方も多いと思います。でも、これらは特別な人が特別な条件の中で行ってきたわけではありません。教師なら誰もが持っている「子どもを第一に」という考え方の上に、体育同志会をはじめとする「民間教育研究団体」や自主的な「サークル」などで実践研究の成果を学び、さらには学校づくり・職場づくりも含めて日々現場で試行錯誤しながら実践されてきたものばかりです。勿論、教育実践は「本の通りやればうまくいく」といったものではありません。「書いてある通りにはうまくいかない」のは当たり前。でも、実際にやってみて少しでも手ごたえを感じたり疑問を感じたりしたときには、ぜひ「体育同志会」の門をたたいてみて下さい。多くの仲間が、みなさんと同じ目線で一緒に考えてくれると思います。（学校体育研究同志会HP http://taiiku-doshikai.org/）

　その上で本書が、目の前の子どもたちの瞳を輝かせるような保健体育の実践プランの創造に少しでも役立ってくれたなら、これ以上の喜びはありません。

　そして最後になりましたが、不慣れな編集作業で執筆者の方にはご不自由をおかけしたこともあるかと思いますが、細かな注文にも適切に応えて頂き、力のこもった原稿を寄せて頂きました。また、創文企画の鴨門裕明さんにはいろいろ無理も聞いてもらいながら最後まで支えて頂きました。本当にありがとうございました。

　　　　2019年8月　　編集責任　安武一雄

執筆者プロフィール　※2019年9月現在

安武一雄 ──はじめに・第1章・おわりに
大阪府吹田市立山田第一小学校教諭　[主な著書]『新学校体育叢書　器械運動の授業』(共著)、創文企画、2015年。『スポーツの主人公を育てる体育・保健の授業づくり』(共著)、創文企画、2018年。

森　敏生 ──はじめに─
武蔵野美術大学造形学部教授　[主な著書]『中村敏雄著作集4　部活・クラブ論』(共著)、創文企画、2009年。『スポーツ・健康と現代』(共著)、武蔵野美術大学出版局、2015年。『スポーツの主人公を育てる体育・保健の授業づくり』(共著)、創文企画、2018年。

牧野　満 ──第1章
奈良県香芝市立下田小学校教諭

續木智彦 ──第2章『体つくり運動』
西南学院大学人間科学部心理学科専任講師

坂田行平 ──第2章『マット運動（側転の指導・集団マット）
広島大学付属小学校教諭

狭間俊吾 ──第2章『鉄棒運動』
大阪府堺市立福泉上小学校教諭

中川　豊 ──第2章『跳び箱運動』
大阪府岸和田市立朝陽小学校教諭

吉澤　潤 ──第2章『陸上運動（リレー）』
東京都目黒区立原町小学校教諭　[主な著書]『教育技術MOOKとび箱の指導─わかり・できる授業展開と技術指導』(共著)、小学館、2008年。

岻　和正 ──第2章『陸上運動（走運動から跳運動へ）』
兵庫県・元小学校教諭　[主な著書]『授業改革を目指す学習集団の実践　小学校高学年』(共著)、明治図書、2005年。『スポーツの主人公を育てる体育・保健の授業づくり』(共著)、創文企画、2018年。

中島滋章 ──第2章『浮く・泳ぐ運動』
佐賀県唐津市立大良小学校　[主な著書]『新学校体育叢書　水泳の授業』(共著)、創文企画、2012年。

舩冨公二 ──第2章『ボール運動（サッカー）』
大阪府・元小学校教諭

川渕和美 ──第2章『ボール運動（フラッグフットボール）』・『健康教育（いのちとからだの学習）』
東京都和光鶴川小学校教諭

古川宗治 ──第2章『ボール運動（ラグハンドボール）』
奈良県奈良市立右京小学校教諭

沼倉　学 ──第2章『表現運動（民舞「今別荒馬」)』
国立学校法人宮城教育大学講師

市川愛華 ──第2章『健康教育（睡眠の授業）』
大阪府枚方市立西牧野小学校教諭

[イラスト] 関根　亮、吉田慶介

新みんなが輝く体育 2

小学校中学年　体育の授業

2019 年 9 月 30 日　第 1 刷発行

編　者　学校体育研究同志会
発行者　鴨門裕明
発行所　㈲創文企画
　　　　〒101－0061　東京都千代田区神田三崎町 3－10－16　田島ビル 2F
　　　　TEL 03－6261－2855　　FAX 03－6261－2856
　　　　http://www.soubun-kikaku.co.jp
　　　　[振替]00190－4－412700
装　丁　オセロ
印　刷　壮光舎印刷㈱

ISBN 978-4-86413-123-0
©2019 学校体育研究同志会